国家体育总局体育科学研究所科研资助项目
（编号：基本15-36、基本16-15）

橄榄球安全训练与
风险监控

高晓嶙　主编

人民体育出版社

编 委 会

主　编

　　高晓嶙　国家体育总局体育科学研究所

副主编

　　徐　辉　上海体育学院

编　委

　　黄　鹏　北京体育大学

　　李　玉　北京体育大学

　　付思慧　北京体育大学

　　邱　凌　北京体育大学

　　韩雨迦　北京体育大学

　　陈春华　青阳镇第二中学

前　言

　　橄榄球运动秉承公平竞赛精神，集中体现了人类诚实、正直、拼搏、合作、守纪、互相尊重等优良品质，充满运动激情和魅力。因此，橄榄球拥有众多球迷，成为世界第二大运动。2009年10月9日在丹麦哥本哈根举行的国际奥委会第121次全会上，增设英式七人制橄榄球项目在投票中获得通过，使其正式成为2016年里约热内卢奥运会的比赛项目，成为奥运会大家庭的新成员，也为中国橄榄球运动的发展提供了良好的机遇。橄榄球是一项高强度同场对抗项目，有极为激烈的身体冲撞，运动员需要做大量高强度的动作，如加速冲刺、变向跑、扑搂、顶推、碰撞等技术动作，运动损伤风险很高。其中下肢损伤风险尤为明显，是运动员因伤缺赛和退役的重要原因之一。本书根据作者多年来对我国英式橄榄球运动损伤规律调研，以及损伤风险相关因素的研究结果，借鉴英国、新西兰、澳大利亚等国，以及国际橄榄球理事会英式橄榄球风险管理经验，并以当前国际最新运动损伤风险体系和预防性康复训练理念为指导，系统阐述了英式橄榄球运动损伤种类、影响因素、发生机制，以及最新的预防策略和康复训练方法，希望能为提高我国橄榄球运动的医务监督水平，降低运动损伤风险，保障运动员健康提供新思路与方法。

　　本书相关研究得到了国家体育总局小球中心、国家橄榄球队和相关省市橄榄球队的大力支持与配合，尤其是上海体育学院徐辉教授带领所属橄榄球队球员为本书拍摄了大量橄榄球运动训练照片，并在运动训练相关章节上提出宝贵意见，北京体育大学黄鹏教授及其学生在橄榄球运动风险相关研究中做了大量风险测试与数据处理工作，在此一并表示衷心感谢。

目　录

第一章　英式橄榄球安全训练

运动损伤的原因通常是多方面的，单一的预防性行动或策略效果有限。因此，需要建立一个综合伤病预防策略，才能有效降低运动损伤风险，将运动损伤控制在可接受的范围内。这将有助于保护运动员的身心健康，充分享受体育运动给人们带来的各种益处。图1体现了国际当前的伤病预防体系框架中的各个要素。

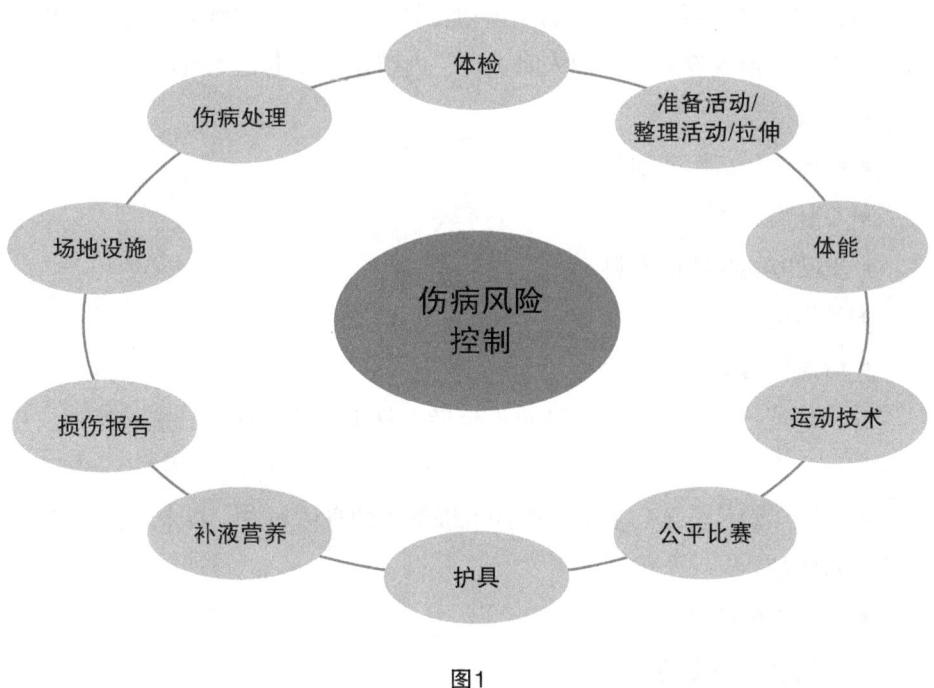

图1

橄榄球运动损伤风险控制的实现需要每位教练员、运动员、赛事组织等相关人员的共同努力。橄榄球运动损伤风险管理理念是用合理的体能和技术练习、伤害预防措施，以及科学的损伤预防性练习来控制损伤风险。

第一节　参加橄榄球运动前的评估

参加橄榄球运动前，必须进行一些检查，确认运动员已经具备进行橄榄球运动的各种能力。一名合格的橄榄球运动员必须符合以下条件：

- 具备参加对应级别比赛的身体素质。
- 具备相应级别的体能与技术。
- 伤病已经完全康复，再次受伤的风险很低。
- 具备良好的身体冲撞的技术。
- 熟悉比赛规则与各种身体对抗。
- 通过赛前的各项分析评估。

分析评估可以帮助教练员确定运动员是否可以参加训练和比赛。分析一般在一个赛季前或有新队员加入时进行，内容包括以下几方面：

- 个人资料。
- 病历（包括用药细节）。
- 心脏病问卷。
- 生活方式与体能资料。
- 受伤史。
- 橄榄球运动史。

在训练或比赛前，每一个队员的体能条件都必须被评估。应该特别注意区分以下情况：

- 不同年龄队员（19岁以上、19岁以下）的身体形态、技术、体能等。
- 新队员。
- 带旧伤的队员。
- 有脑震荡病史的队员。
- 有任何颈部伤害病史的前锋队员。
- 体能有可能下降的老队员。

运动员要由教练员、医生、物理治疗师、体能训练师与训练员进行身体各项素质与能力的评估，主要包括以下几方面：

- 功能性动作。
- 力量。
- 速度。
- 平衡。
- 柔韧性。
- 有氧耐力。
- 无氧耐力。
- 运动链薄弱环节（如生物力学方面的）。

第二节　场地设施与应急计划

在进行橄榄球运动之前，必须检查所有的场地设施是否齐全，是否符合安全标准。制订应对橄榄球运动中各种紧急情况的应急计划也是非常重要的。

一、球员个人护具

橄榄球球员要确保正确使用护具，并符合橄榄球运动规则。

1. 护齿

建议所有橄榄球球员在训练比赛中佩戴护齿，好的护齿可以保护牙齿及周围软组织，防止下颚受伤。在新西兰，佩戴护齿已经成为硬性规定，有关牙齿的橄榄球运动损伤减少了47%，用个人齿模做的护具具有最佳的保护效果（图2）。

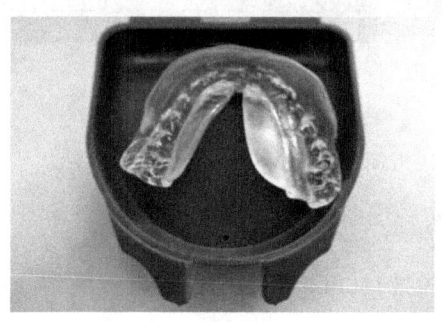

图2

2. 球鞋

球员的球鞋必须保持良好的状况；球鞋鞋钉也必须符合规定。球员不可穿着跑鞋之类的鞋子练习争球，因为它们无法提供足够的安定性（图3）。

图3

3. 头套或护头

头套可以降低头部软组织受伤风险。头套大小必须合适。但目前并没有证据显示头套可以防止脑震荡（图4）。

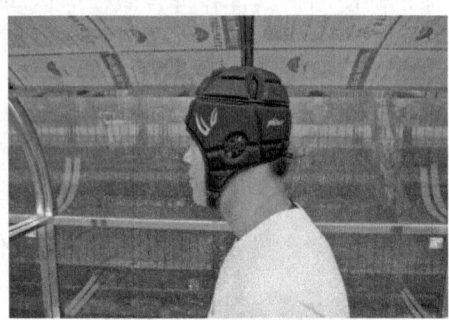

图4

4. 有垫料的护具

研究显示有垫料的护具可以帮助降低运动员受到开放性创伤，却不能免于一些严重伤害，所以受伤运动员在还没有完全康复之前，一般不提倡穿佩有垫料的护具回到比赛中。在所有的比赛中，护具的垫料必须符合比赛规则和国际橄榄球理事会的认可条件，并经核准后使用。

5. 赛前安全查验

赛前由赛事官员负责检查运动员是否穿戴了有潜在危险的护具，以及戒指或不符合国际橄榄球理事会规范的服饰等。

二、比赛训练场地设施

确保比赛训练场地设施的安全是非常重要的。这可以充分发挥运动员的竞技水平，同时降低受伤风险。在训练或比赛前必须查验的场地项目有：

1. 比赛场地

比赛场地大小必须符合标准，观众与车辆必须远离比赛场地。四周如果有栅栏或临时围栏的不可太靠近比赛场地（理想距离是5米以上）。

2. 场地表面

比赛场地表面必须没有积水、不坚硬、不滑、没有外来物。

3. 比赛设施

比赛设施必须适合运动员年龄与比赛级别。重要检查项目应包括：球门柱必须正确缠绕保护垫，所有司克兰练习架以及扑搂或拉克练习袋必须状况良好，并有良好的维护，角杆必须柔韧易弯。

4. 天气

极端的天气会引起运动员身体过热、脱水或低体温等症状。确认运动员的服装穿着适当，例如，在湿冷天气练习以及比赛时，应穿防水衣物，替补队员和伤病队员应穿保暖防水衣物。

板式担架

三、应急计划

橄榄球运动中不可缺少的是制订应急计划。现场要配有必需的医疗设备（图5）及训练有素的医护人员（医生或急救员）。

1. 必要的医疗设备

- 担架——板式或铲式担架。
- 颈撑——各种尺寸或调整式。
- 空气夹板——各种型号。

队医的医务包中应有以下物品：

- 剪刀（钝端）。
- 外科手套。
- 纱布。
- 鼻腔添塞棉。
- 毛巾。
- 弹性绷带（5厘米，7.5厘米，10厘米）。
- 无菌纱布绷带。
- 创可贴（例如Band Aid）。
- 弹力黏性绷带（2.5厘米，5厘米）。
- 凡士林。
- 护肤霜（例如Sudocrem）。
- 安息香酊剂。
- 冲洗液（例如无菌洗眼液）。
- 消毒剂（例如碘伏、Savlon喷剂）。
- 消毒敷料。

固定骨折空气夹板

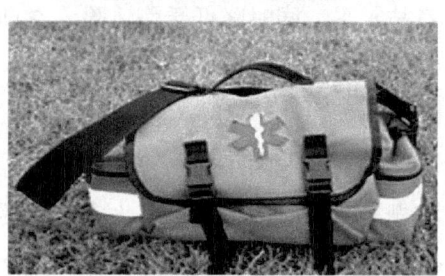

急救包

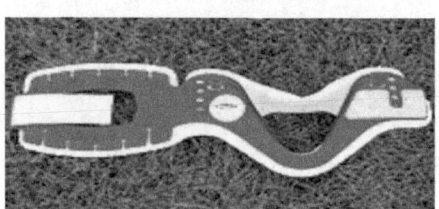

调整式颈撑

图5

- 三角巾绷带。
- 护肤垫（例如Second Skin）。
- 冰袋和冰。
- 水壶。
- 喷雾胶布（例如Opsite喷雾胶布）。
- 胶带。

以上所有设备及物品都必须备妥定置在医务人员专用区。

2. 急救室

合理的急救室必须毗连球场，而且一定要符合以下条件：

- 有担架通道。
- 有救护车通道。
- 墙面和工作台面必须便于清洁、消毒，符合控制感染的需要。
- 地面防滑、防渗、便于清洁。
- 水槽可提供热水与冷水。
- 有充足的照明与温度。
- 诊疗床防水，有干净的枕头和毛毯。
- 能妥善放置医疗设备和急救物品。
- 医疗垃圾必须妥善放置，专业处理。
- 有自动体外除颤器（图6）。

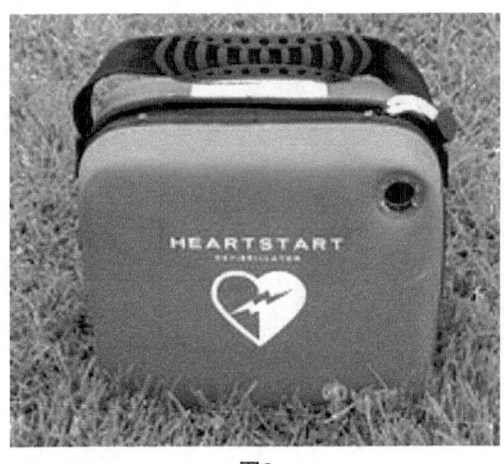

图6

- 有电话。
- 有记录本：记录现场救治采取的各种措施。
- 在显著地方贴示紧急电话号码。

第三节　体能

橄榄球是高强度的集体项目。运动员必须具备快速、敏捷、善于摆脱对手的能力，同时还要有足够的耐力，因此制订训练计划时必须对其体能和生理要求有充分的考虑。增强体能可以提高竞技水平，降低受伤风险。在赛季开始时，受伤的发生率比较高，主要的原因就是身体准备不足。

一、体能要素

- 速率——手脚协调进行高速度运动的能力。
- 力量——肌肉或肌肉群对抗外来阻力的最大力量。
- 耐力——维持某一水平身体持续工作的能力。
- 专项运动能力——橄榄球专项中的身体运动能力与稳定性。
- 爆发力=速率×力量（图7）。

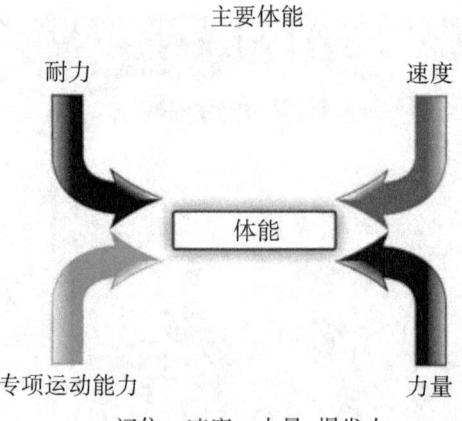

主要体能

耐力　　　　　　　　　速度

体能

专项运动能力　　　　　力量

记住：速度×力量=爆发力

图7

从事不同运动项目对所需的体能要素比例会有所不同。在橄榄球运动中，不同位置运动员所需的体能要素比例也不同。

二、体能训练原则

● 注重个体差异：不同运动员对同一刺激因素的反应是不相同的。主要原因在于遗传、初始体能水平和技术成熟度不同。

● 调整：每次训练都应有所调整，以提高运动员训练的兴趣与效率。

● 超负荷原则：为了提高体能，运动员必须有计划地增加运动负荷。

● 训练／比赛——休息／恢复：训练负荷递增与充分的休息、恢复同样重要。

● 强调专项性：体能训练必须与专项相结合，训练内空必须是比赛所需要的。

● 实施恢复性训练：如果拖延或忽视体能训练，就会出现体能或训练水平的降低等现象。所以在运动员返回高水平的训练和比赛之前必须实施体能重建训练。

三、体能需求分析

橄榄球是一项需要爆发力和耐力的运动项目。与其他项目相比，橄榄球运动员需要更全面的身体素质，如肌肉力量、爆发力、耐力、速度和灵敏性等。

不同位置对运动员的身体素质要求也不同：1～5号前锋的身体素质明显区别于9号传峰。后排前锋（6～8号）与11、14号翼锋的身体素质也明显不同。1～5号前锋队员需要更强大的爆发力和耐力，而6～8号前锋在场上需要频繁地冲刺，需要更高的速度和速度耐力。

运动员必须具备良好的基础体能，在此基础上才能发展各种专项能力，因此，找一个合格的体能教练员来制订体能训练计划并监督实施非常重要。计划制订需要考虑以下几方面：

● 确认队员位置的特别需求。

- 用标准化的体能测验来判定队员现有体能水平。
- 调查受伤史。
- 调查训练史：橄榄球专项训练年限、正规体能训练年限。

通过以上检查和调查来确定运动员专项训练与康复需求，以及需要增强的薄弱运动环节。然后设计一个训练计划来满足那些需求，还要经常调整计划，并监控与评估。达到阶段目标后，要重新设定新目标并制订计划。

四、身体运动功能评估

在制订体能训练计划前，体能教练员需要对运动员的身体功能进行评估。运动员的身体健康状况要足以安全完成各项测试（如力量、速度、爆发力等）。根据测试结果制订体能训练计划，以增强他们的运动能力和身体稳定性，提高他们的竞技水平，纠正肌肉不平衡情况。

由于橄榄球运动员经常在不稳定的情况下发挥力量，所以设计橄榄球体能训练计划时，首先要考虑增强易损伤部位的稳定性力量练习（如肩、核心力量、髋、膝、踝），而不是仅仅进行一些基本的力量训练。年轻运动员应当注重发展橄榄球专项力量，并进行一些不稳定状态的力量练习。运动员应定期进行功能性动作测试，测试程序详见附件3和附件4。以下为功能性动作测试的姿势（图8、图9）。

正确姿势：

图8

非正确姿势：

图9

五、体能计划设计

好的体能训练计划必须考虑各种变化因素，如年龄、训练经验、长期目标与短期目标、设备及资源等。此外，橄榄球比赛的季节性也需考虑，因为世界各地赛季的开始时间和长度都不同。一般体能训练计划被分成四个时期，见表1。

表1　体能训练分期

时期	非赛季	赛季前	赛季中	过渡期
活动	一般准备	专项准备	维持	恢复/活动休息
南半球	11月~下年1月	2~3月	4~7月	8~10月
北半球	5~6月	7~8月	9~4月	5月

注：月份是大约的，可能会因协会和比赛级别而变化。

当设计周计划时，一个需要重点考虑的是48小时原则。最新橄榄球研究显示，在一场激烈的橄榄球比赛后，疲劳常常会持续48小时。因此，要避免在赛后48小时内安排高强度的训练。以下是一个典型的周计划例子（该计划只是完整计划中的一部分，显示如何在周计划中应用48小时原则，见表2）。

表2　一周体能训练安排

星期	计划
星期1	恢复性训练
星期2	力量、体能训练，或者恢复性训练
星期3	高强度橄榄球训练
星期4	力量、体能训练
星期5	中–低强度橄榄球训练
星期6	休息
星期日	比赛

六、体能训练安全建议

● 认真完成准备活动（用动态舒展）和整理活动（用静态舒展）。

● 体能训练时，营养和补水同样重要。

● 聘请合格的体能教练员。

● 记住FITTE（Frequence频率、Intensity强度、Time时间、Type形式、Enjoyment乐趣）原理，积极挑战自己。超负荷训练加得太快可能会受伤。

● 试着与其他人或从事相同训练计划的人一起进行训练。

● 经常变化训练形式，保持训练兴趣。

● 设计接近橄榄球比赛的训练或游戏，发展专项运动能力。

七、专项体能训练方法案例

1. 镜像跑

队员A可以横向跑、向前跑或倒退跑，队员B必须做对应的运动（图10）。

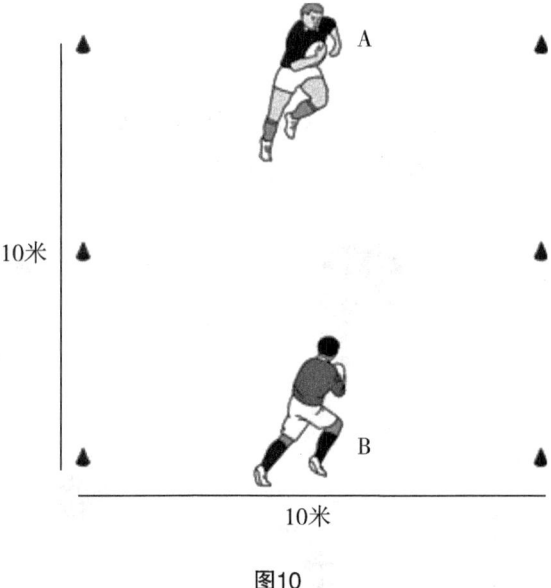

图10

2. 敏捷方格

队员从A到B向前跑，从B到C横向跑，从C到D倒退跑，从D到A横向跑（图11）。

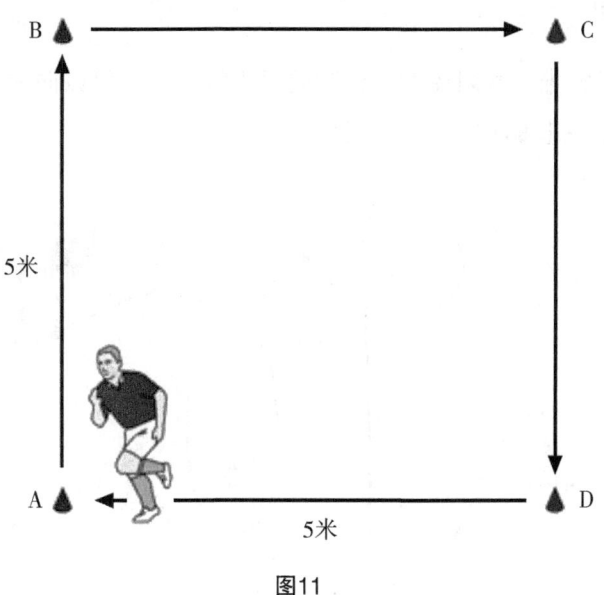

图11

3. 摸角跑

队员为3人或4人，互相传球，每次传球后必须触摸1、2或3个角的标志（由教练口选），然后再参加传球（图12）。

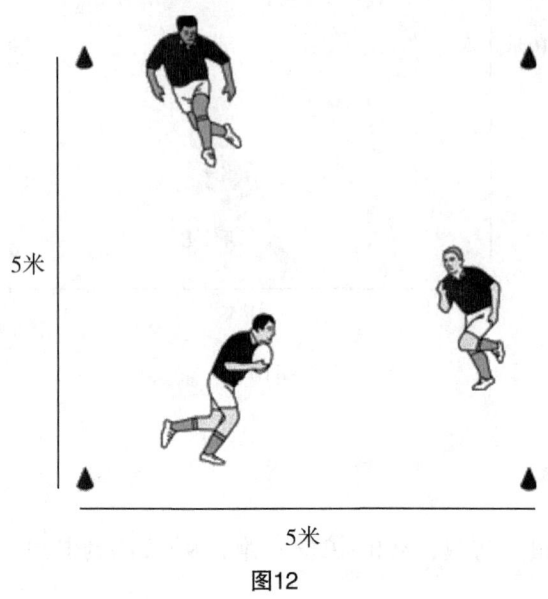

5米

5米

图12

4. 闪避跑

在场地里安排一些阻碍物，像障碍滑雪场，队员可以向前跑、倒退跑或侧向跑，以最快速度跑完全程（图13）。

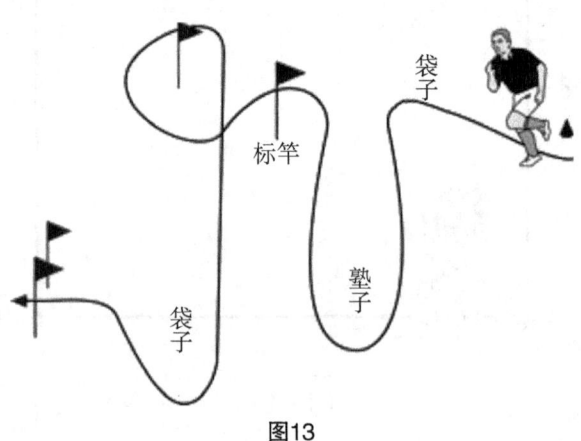

袋子

标竿

袋子

垫子

袋子

图13

5. 触身返回练习

A队攻击B队。当A队持球队员被B队队员触摸到后，必须在两腿之间将球放下，由其他队友捡球继续开始进攻，B队触摸队员必须绕锥形筒或沙袋跑一个往返，重新进入训练（图14）。

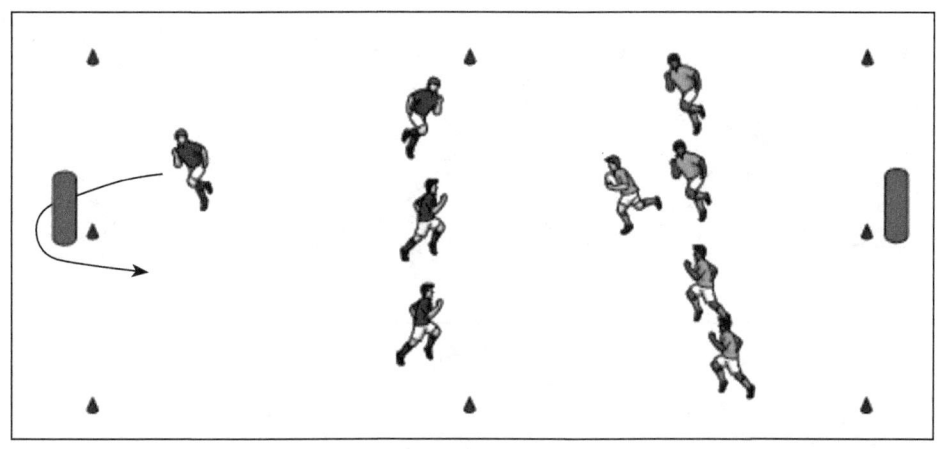

图14

6. 长方形练习

该练习有下述两种形式：

形式一：队员跑到第一个锥形筒必须传球，然后跑到第2个锥形筒再传球，当到达最后一个锥形筒时转身，以最快速度跑回起点（图15）。

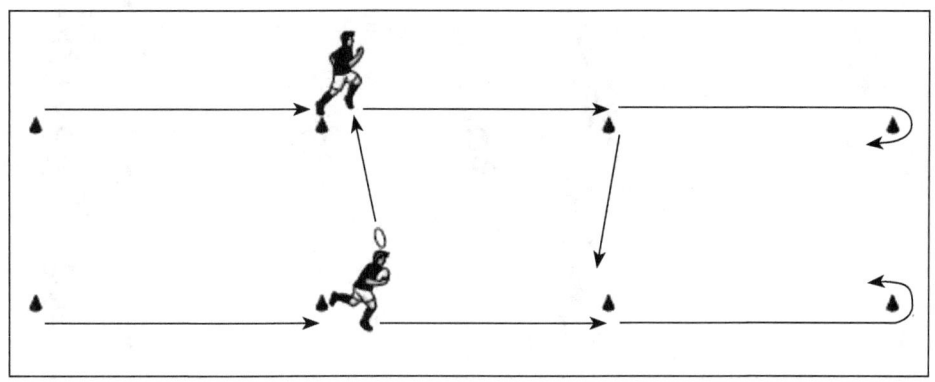

图15

形式二：开始为直线加速跑，当队员跑到第1、2锥形筒之间时，交叉跑向对方的锥形筒，2人在汇合时做转换传球，后面的练习依次同样进行。到达最后一个锥形筒时转身，以最快速度跑回起点。训练可以计时，鼓励队员做好每一个传接球，锥形筒之间距离为10米（图16）。

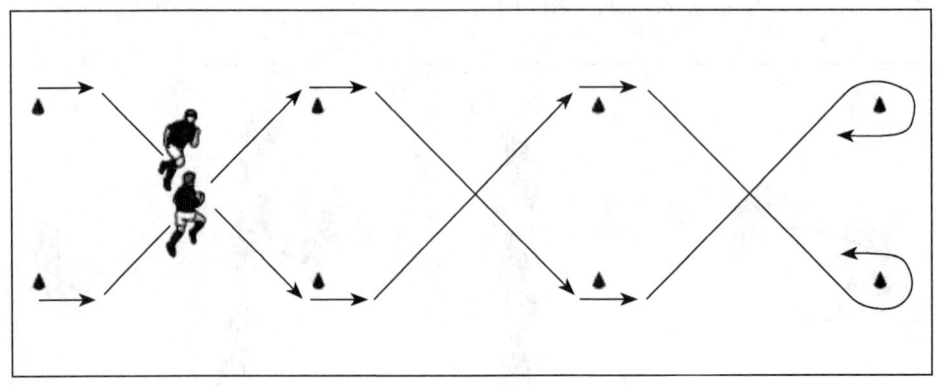

图16

7. 触身练习

A队进攻B队，B队踢球，A队接球开始进攻。第1轮A队5名队员进攻，B队1名队员防守，如果A队得分，则回到开始位置，开始下一轮进攻（图17）。

第2轮：A队5人，B队2人。

第3轮：A队5人，B队3人。

图17

第4轮：A队5人，B队4人。

如果进攻队被触身总次数超过规定次数，就立换攻守。

八、场地体能练习

合理的场地体能练习不用大量专业器械也能提高运动员体能水平。下面列出的一些场地体能练习方法，注意要从初级力量训练和体能水平训练开始，逐步增强运动员身体力量与技战术水平，最终达到理想的体能状态。如果运动员不经过功能评估，不遵循循序渐进的原则，直接执行高级体能训练计划，就有可能对其体能造成负面影响，增加受伤风险。另外，在专业体能教练员的监督下正确进行体能训练非常重要。

以下例子仅供成年橄榄球队参考。重复次数与练习时间取决于队员的体能水平与技术状况；最好以循环练习的方式完成以下练习，一个循环后有一个休息间隙，然后开始下一个循环。

1. 俯卧撑

双臂分开，比肩略宽；脚尖支地，用腰腹力量控制躯干成一条直线；然后双肘向两侧分开，缓慢下降身体到上身贴近地面；然后用胸、肩部和肱三头肌力量撑起身体恢复起始姿势（图18）。

图18

2. 雁翅平衡

单脚站立，支撑腿微屈，双臂侧平举，身体前倾，背部保持平直，后腿伸直，尽量与身体保持在一条直线上（图19）。

图19

3. YTWL练习

这是一个俯卧肩部练习，用以增强上背部和肩部的力量和稳定性（图20）。

图20

Y：双臂上举与肩部成45°～90°，大拇指向上，激活肩关节外旋肌群。

T：双臂侧举与躯体成90°，大拇指向上，收紧后背。

W：上臂与躯干成45°，屈肘90°，成"W"形，维持肩、肘、腕在一个平面上。

L：收紧上臂放于体侧，肘部尽量维持屈曲90°，成"L"形，维持肩、肘、腕在一个平面上。

4. 下蹲

该练习主要用于发展队员下肢的力量、柔韧性和稳定性。两脚开立，与肩同宽，脚中指与膝盖成一条直线。下蹲前先深吸气，稳定上下背部。然后保持背部平直，有控制地下蹲到最大程度，确保下颏远离胸膛，眼睛注视前方。注意力集中在臀部后坐，身体重心落在脚后跟。上升阶段注意呼气，恢复到起始姿势（图21）。

图21

5. 背桥

该练习主要增强核心、腘绳肌、臀大肌的力量与稳定性。仰卧屈膝，抬起臀部，保持上体与大腿成一条直线。确保全脚掌着地。保持腹肌紧张（注意力集中在将肚脐拉向脊柱），全面激活臀部肌肉（图22）。

图22

6. 弓步走

向前迈步，弯后膝。保持上身垂直于地面，背部平直。注意膝盖不要超过脚尖。恢复开始姿势，然后练习对侧腿（图23）。

图23

7. 两人对拉

一个人仰卧于地面，另一个人两腿分开站在第一个人的腰部旁。仰卧者双手抓住站立者的前臂，保持身体成一条直线。站立者采用半蹲姿势，屈膝、屈髋，保持背部平直，屈肘，将仰卧者拉起（图24）。

图24

8. 侧桥

该练习用于增强躯干侧部和下背部的肌肉力量。队员侧躺于地上，用肘部和脚支撑，保持身体成一条直线，然后有控制地下降髋关节，直到快接近地面，然后再抬起恢复开始姿势。注意身体不能向内或向外旋转，保持膝、髋、踝在一条直线上（图25）。

图25

9. 单腿站

双手叉腰单腿站立，非站立腿屈膝屈髋90°，勾起脚尖，维持平衡（图26）。

图26

10. 跪姿前倒

一人跪姿，另一人在身后固定踝关节，注意地面不能太硬。跪姿者保持上身与大腿的平直，缓慢有控制地向前倒，双手撑地缓冲。注意向下向后收紧肩胛骨，保持背部平直，下颌远离胸膛（图27）。

图27

九、功能性力量训练

功能性力量训练是力量训练成果向技术应用的过渡阶段。橄榄球需要运动员有强壮的身体，足以抵抗剧烈的冲撞，并能够维持平衡和稳定。功能性力量训练能够帮助运动员在扑搂等各种技术中充分发挥自身的力量素质，同时降低受伤风险。功能性力量训练可以使肌肉和关节强壮，这对于保护颈、肩、髋、膝以及核心部位非常重要。

器械练习是一种很好的力量练习方式，可以全面增强运动员的身体力量。但是并非所有运动员都能够充分利用器械。

力量训练必须在合格的体能教练员监督下执行，原因有二，即安全和专项需求。因此对于没有体能教练员的俱乐部来说这是一个问题。

上面展示的力量循环练习是一个很好的起点，注意要逐渐增加训练负荷。然后引入一些功能性力量训练设备进行练习，这样可以很好地增强力量、柔韧性、稳定性和平衡能力。

采用轮胎、实心球、平衡球、悬吊训练等设备，可以对力量训练做出很多方便易行的变化。所有这些设备的使用都有利于发展功能性力量素质。这些设备便宜、方便，很容易获得、保存，能够用来发展许多专项能力，如冲刺、扑搂、司克兰等（图28）。

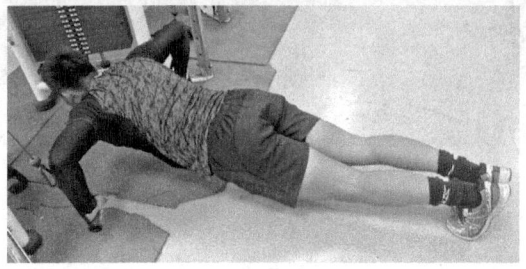

图28

十、核心力量

有强而稳定的核心力量可以让你成为更好的运动员，而且不易受伤。它对比赛的动力方面，如冲刺、扑搂、司克兰等非常有帮助。训练核心力量的设备有很多，包括药球、健身球、振动台等。

常用的核心力量练习分为两类（图29、图30）：

● 利用身体自身重量练习。

● 利用健身球作进阶练习。

仰桥与臀桥：

图29

前俯与背伸：

图30

　　还有一些和比赛相关的练习，例如，跪在瑞士球上传橄榄球或药球。此外还需注意有关橄榄球技术训练，以及相关的体能训练最好在合格的训练员、教练员与裁判员的指导下进行（图30）。

第四节　生活方式

　　训练是为了让运动员从身心到技术上为比赛做好准备。如果身体不健康就无法全力进行练习与比赛。通过适当的训练、饮食、压力控制和休息可以保持健康身心状态，降低不必要受伤与生病的风险。

　　从增强核心稳定性到促进心肺功能发展，橄榄球运动可以明显提高参加者的健康水平。除此以外，橄榄球运动还可以明显提高参加者的体力活动时间。目前运动医学专家建议成人每周至少从事中等强度运动5天，每天运动时间至少30分钟。对于青少年来说，每天运动时间至少60分钟，每周应进行2次能够增强肌肉力量、骨密度和柔韧性的锻炼。

橄榄球是一种独特的运动，它适合各种体形、年龄、性别和体能的青少年参加。它有多种比赛形式，分不同年龄组进行，还有无冲撞的腰旗橄榄球，甚至可以在沙滩和雪地上进行比赛。

有研究证实，橄榄球和其他一些运动可以明显改善青少年的生活方式，使其充分享受到运动的乐趣。橄榄球运动对生活方式的影响如下：

● 发展社交能力。参加团队体育活动，有利于发展青少年的宽容性与交际能力，培养自信、自尊、集体荣誉感和友情。

● 培养心理素质。橄榄球运动对发展各项身体素质的作用已经很清楚了，对于发展各种心理素质也非常有帮助，如培养自控力、专注力、纪律性、决策能力和领导能力等。

● 健康的饮食与营养。平衡膳食是保障训练比赛能量供应的关键点。营养膳食教育对于指导运动员日常生活的能量摄入非常重要。科学合理的营养膳食有助于促进运动员竞技水平的发挥，同时也能培养一种科学的生活方式。

● 促进心血管健康。长时间高强度的体育运动需要高水平的心血管功能。在进行比赛时，运动员不再是为了某种目的进行锻炼，而是必须要适应比赛。

● 提高综合素质。橄榄球运动能很好地将运动员的天赋、教育、高水平训练、勤奋结合起来，有利于他们身心智素质的全面发展。最重要的是经常参加橄榄球运动可以培养健康的生活方式。

一、基本卫生

良好的卫生习惯是健康生活方式的重要组成部分，其中包括：勤洗手；定期消毒个人用品，如水壶、护齿等。尤其是在一个封闭的集体生活环境中的时候，不要共享水壶，喝水要将水直射口中，不要让嘴唇接触水壶口。传染性疾病总是经过直接或间接的接触传染。队员与队友、对手，以及其他相关人员经常有直接接触，同时也经常共用训练设备、训练场地、住宿房间、毛巾等。因此，养成良好的卫生习惯对于橄榄球运动员非常重要。

二、补水

水对于维持运动员体能非常重要。运动中大量出汗是水分丢失的主要原因。为避免体能明显下降，及时补充水分非常重要。事实上，在橄榄球比赛中保障水的供应比保证能量供应还要重要。赛前、赛中、赛后都要补水，不要等到口渴时再饮水，因为到那时身体的运动能力已经下降了。

三、营养

科学营养膳食是保障运动员充分发挥竞技水平的关键因素之一。橄榄球运动员每天必须摄入大量的碳水化合物以满足日常训练比赛的需要，预防慢性能量消耗。理想饮食是高碳水化合物（如米、面、麦片、面包、土豆、匹萨等）、中蛋白质、低脂。

饮食对于保障日常训练比赛非常重要，运动员必须找到合理的糖、蛋白质、脂肪平衡点，确保身体能够从饮食中获得足够的能量，不仅能够满足日常训练比赛的需要，还要能够维持强壮的身体和旺盛的精力。

四、饮酒

饮酒会对训练和比赛产生负面影响，主要表现在：
- 降低肌肉最大力量。
- 减少肌肉力量和爆发力潜力。
- 改变大多数营养素的运输、活性、利用和储存。
- 使身体脱水，削弱运动能力。
- 改变蛋白质和碳水化合物的新陈代谢，增加身体代谢率和耗氧量。
- 削弱受伤部位的康复能力，以及身体结构修复和机能提高的能力。

● 削弱中枢神经系统的协调能力与精准性。

第五节　兴奋剂

反兴奋剂是保护橄榄球比赛公正性的重要措施。国际橄榄球理事会（IRB）对于橄榄球运动中的兴奋剂事件采取零容忍态度。不管是误服还是故意服用兴奋剂，运动员个人要对查出的违规事件负责。

世界反兴奋剂组织的兴奋剂目录每年更新一次，明确规定了哪些药品和方法是被禁止使用的，当前兴奋剂目录可由国际橄榄球反兴奋剂网站下载（www.keeprugbyclean.com）。

运动员服用药物、接受治疗或营养补剂时必须确定不含兴奋剂。全球药物在线委员会（www.globaldro.com）可以提供一些帮助，但只针对在加拿大、英国、美国购买的药品。如果对服用药品有疑问，请咨询本国反兴奋剂组织。在开处方之前要提醒医生，避免开可能含有违禁物品药品的处方。

运动员从事橄榄球运动时，有权在生病时治疗性使用违禁药品，但必须申请，详细信息参见治疗性用药申请网站（www.keeprugbyclean.com）。

在做兴奋剂检测时，运动员应该清楚自己必须履行的义务和权利，可以通过该网站观看录像，了解兴奋剂检测的过程（www.keeprugbyclean.com）。

大麻、可卡因、迷幻剂、安非他明均为违禁药品，服用上述药品数天后仍能被检测出，服用大麻后在数周后还能检测出。如果运动员被检测出含有上述任何一种物质，都会被判处禁赛2年。

第六节　准备活动

对任何一个运动项目来说，准备活动都是一个重要的、必不可少的步骤。准备活动的目的是使运动员适时地进入运动状态，降低受伤风险。准备活动的时间主要取决于训练或比赛的强度和运动量。准备活动必须使运动员在各个方面为即将进行的训练或比赛做好准备。准备活动一般从低强度活动开始，逐步增加强度，从一般性活动逐步过渡到专项准备活动。通过准备活动使运动员的心肺功能、肌肉工作能力和关节运动幅度能够满足接下来的高强度训练和比赛的要求。

准备活动的好处：

- 提高体温，使肌肉更富弹性和高效运动。
- 提高心率和呼吸频率，增强心肺功能。
- 激活相关运动肌肉群。
- 激活神经系统，增强反应速度。
- 提高协调性。
- 从思想和心理上做好准备。

准备活动通常分为三个阶段：

一、一般性准备活动

一般性准备活动通常从一些低强度慢跑或趣味活动开始，激活心肺系统功能，促进血液循环。运用一些基本动作来放松肌肉、增加关节活动度。静态拉伸可能会起相反作用，因为它会使运动员过度放松，降低肌肉的爆发力，不利于运动员的身心准备。

以下是一些一般准备活动的例子，练习重复次数和时间取决于运动员的运动能力和所处的赛季阶段。

1. 下蹲

双手体前持球，尽可能下蹲，注意保持背部平直，眼睛直视前方，全脚掌着地。也可以双手将球举过头顶（图31）。

2. 弓步转体

向前迈步，弯屈后膝，保持背部挺直，上身垂直地面。前腿膝盖不超过脚尖，向左右各

图31

转体一次。后腿向前迈步，做同样的动作（图32）。

图32

3. 侧弓步

向左侧迈步，屈左膝，右腿保持伸直，成左侧弓步。恢复直立状态，向右迈步，做右侧弓步，保持后背平直（图33）。

图33

4. 拍后背

双臂尽量水平后展，掌心向前。向前挥动双臂，体前交叉拍向对侧背部。然后恢复开始姿势，再次重复拍背动作，左右手上下交替（图34）。

图34

二、过渡性准备活动

该阶段将逐步增加运动强度和运动量，拉伸以动态为主，不用静态拉伸。

以下是一些过渡性准备活动的例子，练习重复次数和时间取决于运动员的运动能力和所处的赛季阶段。

1. 弓步走

这是一个很好的激活臀部肌肉的练习，同时对股四头肌、腘绳肌和股内收肌群也有作用。挺胸直背，眼睛直视，下颏远离胸膛。双手胸前持球，双脚并拢直立，高抬腿，向前迈大步，后膝弯曲，成弓步。注意：高抬腿时，膝盖应尽量抬到最高，以拉伸臀部和腘绳肌，但不要失去平衡；不要让前腿膝盖超过脚尖。后腿向前迈步重复同样动作，也可将球举在头顶做该动作（图35）。

图35

2. 侧向交叉步走

右腿从体前迈向左侧一步，与左腿交叉，左腿从后面再迈向左侧，右腿从后面迈向左侧一步，与左腿交叉，左腿从前面再迈向左侧。如此侧向行走一定距离，左右各走一遍（图36）。

图36

3. 抱膝提踵

这是一个很好的拉伸臀部肌肉的动作。挺胸，向后向下收紧两侧肩胛骨，抬腿双手抱住小腿将膝盖拉向胸部，支撑腿尽量伸直，提踵。该动作同时也是对小腿和踝关节肌肉的练习（图37）。

图37

4. 前踢

慢节奏直腿勾脚前踢，注意保持身体平衡，该动作可以激活股四头肌力量，拉伸腘绳肌和小腿肌肉（图38）。

图38

三、专项准备活动

该阶段教练员可将训练比赛中用到的技术动作融入到准备活动中，使运动员在技术、体能和心理上都做好充分准备（图39）。运动员可以配对或分成几个小组去做，内容主要是训练或比赛所需要的各种技术动作（如司克兰、争边球、扑搂等）。

图39

第七节　运动技术风险控制

一、冲撞

橄榄球是一项进攻与闪避的运动，一旦获得持球权，就必须全力设法进攻（持球奔跑或踢球），达阵得分。最有效的进攻方式是避免冲撞，持球穿插对方防守空当，或传球给位于空当的队友。然而在橄榄球比赛中，身体冲撞是不可避免的，采用正确冲撞技术有助于保留球权，连续进攻，降低损伤风险。

1. 冲撞前

- 持球队员应寻找、跑向防守者身旁空当，而不是防守者身体。
- 如果冲撞不可避免，应通过步伐和方向的变化，避免被正面扑搂。
- 冲撞前应双手持球，采用强而有力的姿势准备进入冲撞。
- 尽量形成侧面的扑搂。
- 尽可能维持身体平衡，避免摔倒，极力向前运动，或传球给支援的队友（图40）。

图40

2. 冲撞时

● 如果被对手抱住倒地，可以尝试倒地后传球或放球（参见扑搂章节）。

● 如果支援的队友无法捡球或传球，就会形成拉克（参见拉克章节）。

● 如果倒地后没有被对方抱住，可以迅速恢复站立，继续比赛。

● 如果被对手抱住，但没有倒，应继续保持强有力的姿势向前推进，或转身寻找支援的队友，并传球给队友。

● 如果队友与持球队员夹扎在一起，就形成了冒尔（参见冒尔章节，图41）。

图41

3. 冲撞时的传球

● 持球队员双手持球远离冲撞点。

● 于冲撞瞬间双手/单手将球从扑搂队员上方传给支援的队友。

● 在保障自身安全的前提下，要尽量在冲撞的早期传球，确保正确倒地缓冲。

教学要点：

● 确保队员都充分理解比赛原则。

● 确保队员都充分理解避免冲撞，寻找空当突破的重要性。

● 小组讨论如何闪避对手和避免冲撞的技巧。

● 采用循序渐进的安全方式提高队员进攻与躲闪技术。

● 在练习新技术时，应避免体形、年龄组、训练水平相差太大或不同性别的队员配对组合练习。

● 一次教1到2个关键点，避免教太多而影响学习效果。

裁判要点：

● 跟上比赛。

● 保证队员的比赛空间。

● 保持宽阔的视野。

● 注意观察是否有队员阻碍、控制对方的非持球队员。

● 检查扑搂是否在肩部以下。

● 判断传球是否合法。

二、扑楼（Tackle）

扑搂指持球员被1～2个以上对方球员抱住，摔倒在地。扑搂是防守和夺得进攻权的重要技术，扑搂能力与承受能力是开展更安全、更有趣比赛的重要因素。美国和英国最新研究发现58%的损伤都发生在扑搂时，所以一定要认真教授学习扑搂技术和安全技巧，这可以帮助球员提高扑搂的技巧和信心。

1.扑搂球员

● 扑搂跑动中的持球员时，要让自己的脚尽量靠近持球员。

● 做好冲撞的准备——低姿、稳定、强力状态。

● 睁开眼睛，头位于持球员后方或侧方，避免出现头在持球员前方的情况。

● 完成扑搂后，应迅速放开被扑搂球员，并赶快恢复两脚站立，参与争球。

详细安全要点，参见以下具体扑搂类型（图42）。

图42

（1）肩部扑搂（来自前方）

● 保持强力、稳定、低姿态进入。

● 瞄准持球员的大腿，用肩部冲撞。

● 向前推进时，双臂抱紧持球队员的腿。

● 持续推进，直到把持球队员摔倒在地。

● 迅速放开持球队员。

- 迅速恢复站立。
- 参与争夺持球权。

（2）肩部扑搂（来自侧方，图43）

图43

- 保持强力、稳定、低姿态进入。
- 瞄准持球队员的大腿，用肩部冲撞。
- 双臂抱紧持球队员的腿。持续推进，直到把持球队员摔倒在地。
- 滚动到上方。
- 迅速恢复站立。
- 参与争夺持球权。

（3）窒息扑搂（图44）

图44

- 前腿尽量靠近持球队员。
- 目标位于持球队员的腰部与胸部之间。
- 用双臂将持球队员的双臂和身体紧紧抱住。
- 持续向前推进。

（4）手臂扑搂（图45）

图45

- 前腿尽量靠近持球队员。
- 用上臂拦截在持球队员肩部与乳头线之间。
- 双臂紧紧抱住持球队员，持续向前推进，直到将其摔倒。
- 滚动到上方。

（5）下绊扑搂（图46）

图46

- 迅速追赶接近持球队员，满足前扑距离。
- 伸出手臂抓住持球队员的脚或踝。
- 让自己的头远离持球队员的脚。

（6）多人扑搂（图47）

图47

- 第一个扑搂队员动作要点参照肩部扑搂方法。
- 第二个扑搂队员动作要点参照窒息扑搂方法。
- 两人相互配合，协同用力，摔倒持球队员。
- 迅速恢复站立，参与争夺持球权。

在比赛中，有接近50%的扑搂为多人扑搂。双人扑搂很少是有预谋的，也比较难教，一般不鼓励初学者使用该技术。

（7）衬衫扑搂（图48）

图48

图49

- 追赶持球队员到一臂距离。

- 抓住持球队员的衣服，拽向自己。

- 将头偏向一侧，肩部接触，手臂紧紧抱住持球队员。

- 双臂抱紧拖倒持球队员，滚动到上方。

（8）后方扑搂（图49）

- 扑搂队员从后方接近持球队员。

- 双手紧紧抱住持球员腰部，用身体重量拖倒持球队员。

- 注意扑搂队员搂抱的部位不能太低，否则有可能被踢到或撞到面部。

2. 被扑搂球员

- 双手抱球。

- 保护球——将球在胸部抱紧，双肘加紧身体两侧。

- 臀部先着地，然后滚动到肩部。

- 不要用手或球撑地。

- 转向己方队友，传球或放置球，尽快恢复站立。

3. 支援球员（图50）

- 所有到达球员都必须从扑搂大门进入。

- 只有站立球员才能争夺球。

- 球员到达一个尚未完成的扑搂时：

　－保持强壮、稳定、低姿态。

　－用手臂抓住持球员。

　－避免接触其他球员的头或颈。

　－将持球员安全地摔倒。

- 清除防守队员时：

　－持强壮、稳定、低姿态。

　－保持下颌远离胸膛，抬头，抬手，盯住目标。

- 脊柱与前推方向一致，低姿态进入。
- 使用肩部或手臂进行冲撞，避免头部冲撞。
- 抱紧对手，驱逐对手。
- 与同伴绑扎牢固，提高稳定性。

扑搂大门的形成

在扑搂时，所有的队员需力求滚动到面向本方队员。

碰撞前　　　　　　　　　扑搂完成

扑搂大门

黑队队员必须从这里进入

禁止任何队员进入　　　　　　　　　禁止任何队员进入

黄队队员必须从这里进入

图50

三、拉克（Ruck）

典型的拉克是由扑搂演化而来，是由两队各一名或多名队员双脚站立，身体互相接触，紧密围绕地上的球所形成的一种比赛局面。它是争夺持球权的一种有效方法，拉克可为防守者创造机会赢得空间。拉克一旦形成，就会有越位线（图51）。

图51

安全要点：

● 扑搂后，持球队员必须快速双手持球伸向本方队员。

● 支援队员必须采取强有力、稳定的姿势进入，全程头肩部高于臀部，用肩部冲撞，而不是头或颈部。

● 不参加拉克的队员必须立刻退到越位线以后。

● 加入拉克的队员必须从本方拉克队员的最后脚进入。

● 支援队员必须与队友夹扎牢固，共同向前推进。

● 球一旦离开拉克集团，支援队员就应该迅速捡球展开进攻。

教学要点：

- 模仿比赛中的各种变化，发展支援队员的决策技巧。
- 反复练习所有的冲撞技术。
- 采用渐进对抗训练模式发展冲撞能力。
- 确保所有队员在冲撞时保持强有力的身体姿势。
- 确保所有队员都知道拉克的规则与安全事项。

裁判要点：

（1）检查
- 所有支援队员都要从本方拉克队员的最后脚进入。
- 所有加入拉克的队员都必须保持站立状态，直到拉克结束。
- 队员应该确保肩部高于臀部。

（2）注意
- 是否有队员从拉克集团顶部加入。
- 队员进入拉克后没有夹扎。
- 冲撞阻碍拉克集团以外的对方队员。

四、冒尔（Maul）

冒尔发生在当持球队员被一名或几名对手所捕捉，而有一名或更多的持球队员的队友用手臂搂抱着该持球队员的时候。因此，冒尔至少由三名队员组成（一名持球队员，双方各一名队员）。所有参加冒尔的队员都应该与队友夹扎好，双脚站立，向对方阵线方向推进。冒尔是争夺持球权的一种有效方式，构成了一个双方争夺比赛空间的平台（图52）。

安全要点：

- 持球队员保持向前冲的力量，让球处于本方队员方便得到的位置。

- 第一个到达的支援队员应该尝试挖球或向前推进。
- 第二和第三个到达的队员应与持球员夹扎好，共同向前推进。
- 所有队员的头和肩部应高于臀部，确保与队友夹扎好。
- 所有队员应协同稳定向前推进。
- 当其他支援队员到达后，应向后传球，传球远离对手。
- 一旦球传到冒尔的最后一个队员，他可以继续向前推进，也可以离开冒尔，或者传球给其他队员。
- 所有参加冒尔的队员都必须遵循以下安全事项：
  - 采用强有力的稳定姿势，举手抬头。
  - 紧盯目标，保证脊柱与推进方向一致，由低到高推进。
  - 与其他队友夹扎好，使用肩部推进，而不是头或颈部。

图52

教学要点：

- 模仿比赛中的各种变化，发展支援队员的决策技巧。
- 反复练习所有的冲撞技术。
- 采用渐进对抗训练模式发展冲撞能力。
- 确保所有队员在冲撞时保持强有力的身体姿势。
- 确保所有队员都知道冒尔的规则与安全事项。

裁判要点：

（1）检查

- 持球队员必须被夹扎好。
- 所有支援队员都要从本方冒尔队员的最后脚进入。
- 不参加冒尔的队员必须立刻退到越位线以后。

（2）注意

- 故意将对方队员拖拽出冒尔集团。
- 试图弄塌冒尔集团。
- 跳到冒尔顶上。
- 故意将对方队员拖入冒尔集团。

五、司克兰（Scrum）

司克兰是在发生一些小的违规后，重新继续比赛的方式，如前传或前拍。双方通过身体对抗取得持球权。同其他身体对抗技术一样，安全是首要考虑因素，运动员、教练员和裁判员都要对司克兰的公平和安全负责。所有运动员都必须知道，并能够正确使用司克兰相应位置的技术，与同伴协同用力，维持平衡。在司克兰时，由非犯规队投球，通常从司克兰的左手边投球。前排队员通过勾球或向前推进、越过球来获得持球权。一旦球从司克兰中出来，比赛就会继续进行（图53）。

图53

安全要点:

(1)身体姿势

首先了解司克兰各位置对队员身体形态的要求。参加司克兰的队员必须采用强有力的稳定的身体姿势。

- 两脚站开约与肩宽,保持稳定基底。
- 屈膝,屈髋。
- 全程保持头部与肩膀高于臀部。
- 确保所有队员的脚、臀和肩都是对称的。
- 保持平直的背部而且脊柱与前推方向一致。
- 保持下颏远离胸部。
- 保持稳定舒适的半蹲姿势。

(2)预顶架(Pre-engagement)

在顶架前,确保前排队员没有向前的压力非常重要(图54)。

- 做好自身位置的正确姿势。
- 全程坚固持续地夹扎。
- 让重心前移,位于前脚掌。
- 确保双方支柱(PROP)队员站得足够近,可以摸到对方支柱队员的外侧肩膀。

- 确认两脚位置和夹扎都正确，等待裁判员指令开始顶架。
- 如果没有准备好，可以喊："裁判！还没准备好。"（Not ready ref）
- 前排队员的眼睛盯在目标区（瞄准自己的狭缝）。
- 在裁判员发出指令前，不要尝试顶架。

图54

（3）顶架（engagement）

掌握时机、全程夹扎，并采取正确姿势顶架是安全进行司克兰的重要原则。渐进教学方式是安全教授司克兰技术的最好方法，司克兰练习器是一种很好的练习器材。首先进行身体姿势和力量练习，然后过渡到司克兰练习器和真人练习，一般遵循以下练习方式：1对1、3对3、5对5、8对8。所有练习都必须在裁判员或教练员的监控下进行。

- 前排队员应该对准对方的夹缝站好，夹缝位于对方队员的左侧。
- 遵循正确的顶架程序练习。
- 在裁判员发出"顶架"指令后，遵循以下要求 "顶架"：

-松头支柱队员必须用左臂夹扎对方紧头支柱队员球衣的背部或侧部。

-紧头支柱队员用右手夹扎到对方松头支柱队员的球衣。

-除了支柱队员以外，其他队员都不许抓对方。

-所有队员在司克兰过程中必须依照规则全程夹扎牢固。

-支柱队员不许施加向下压力。

● 球一旦离开司克兰集团，或裁判员吹哨后，司克兰就结束，所有司克兰队员必须停止前推。

司克兰渐进式教学：

教练员必须了解司克兰各位置对运动员身体形态的要求。参加司克兰的队员必须全程采用强有力的稳定的身体姿势，必须完成渐进阶梯式训练中各个阶段的要求，才能参加正式的司克兰（图55）。

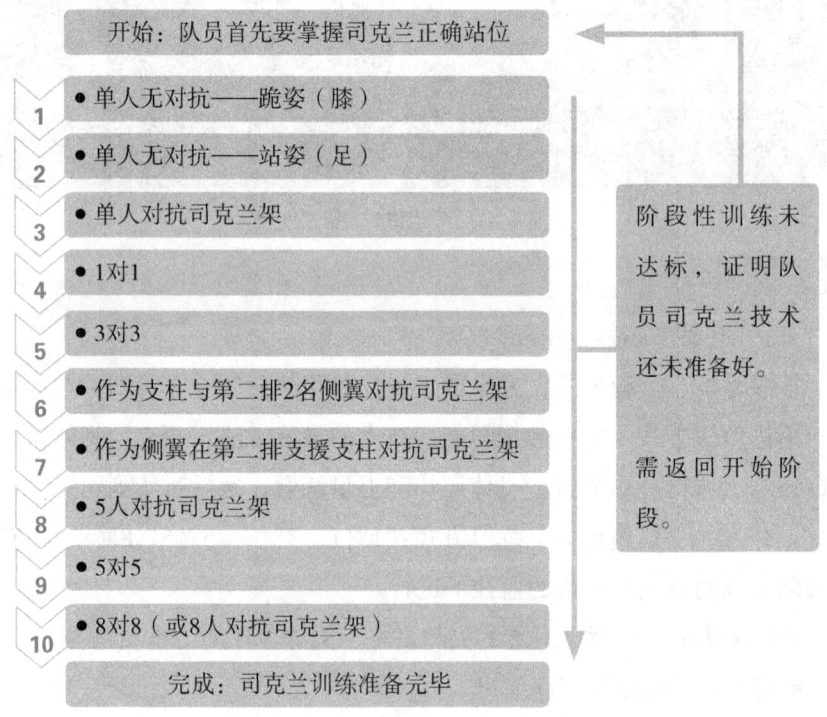

开始：队员首先要掌握司克兰正确站位

1 ● 单人无对抗——跪姿（膝）

2 ● 单人无对抗——站姿（足）

3 ● 单人对抗司克兰架

4 ● 1对1

5 ● 3对3

6 ● 作为支柱与第二排2名侧翼对抗司克兰架

7 ● 作为侧翼在第二排支援支柱对抗司克兰架

8 ● 5人对抗司克兰架

9 ● 5对5

10 ● 8对8（或8人对抗司克兰架）

完成：司克兰训练准备完毕

阶段性训练未达标，证明队员司克兰技术还未准备好。

需返回开始阶段。

图55

48

1. 单人无对抗——跪姿（膝）

动作要点（图56）：

图56

- 头保持中立位。
- 肩胛向后收紧。
- 挺胸。
- 胸在膝前。
- 腰腹收紧。
- 屈髋、臀部向后。

教学要点：

- 鼓励所有参加司克兰的队员加强颈部和肩部力量训练。
- 在司克兰训练和纠正动作时，注意观察和分析队员的技术动作。

司克兰安全相关研究提示：

- 在所有身体接触性技术中，司克兰损伤风险是最高的。
- 通过相关强制性损伤预防计划，可以降低司克兰脊柱损伤风险。
- 约25%的司克兰损伤的队员，技术、力量、经验不匹配。
- 约40%的司克兰损伤是由于第一排队员缺乏经验造成的。
- 约50%的司克兰损伤发生在顶架阶段。

2. 单人无对抗——站姿（足）

动作要点（图57）：

图57

- 膝微屈。
- 两脚与肩同宽，脚尖向前。
- 身体重心在前脚掌。

教学要点：

- 强调队员穿着符合规定的运动鞋。

裁判要点：

- 确定所有队员都穿着符合规定的运动鞋。

3. 单人对抗司克兰架/扑搂包

动作要点（图58）：

- 在用司克兰架顶架时，队员应注意保持强而有力的稳定姿势。

图58

教学要点：

● 按照规范的司克兰程序进行练习。

● 强调背部平直，头处于中立位。头太低，身体也会向下；头太高，有可能会撞到对方肩部，可能导致颈椎损伤。

裁判要点：

● 确定所有队员都穿着符合规定的运动鞋。

● 按照正规的司克兰程序进行练习。

4. 1对1

动作要点（图59）：

图59

● 在顶架时，队员应保证与对手"耳对耳"。

● 遵循裁判员指令，按正确要求进行顶架。

● 保证与对手的接触符合规则。

● 保证强而有力的稳定姿势。

教学要点：

● 确保队员间的接触符合规则。

裁判要点：

● 确定所有队员都穿着符合规定的运动鞋。

● 确保队员都能听到正确的司克兰口令。

● 纠正队员不合规则的接触动作。

5. 3对3

动作要点（图60）：

● 与队友和对手组成符合规则的顶架。

图60

- 等球投入之后开始顶推。

教学要点：

- 确保队员间的接触符合规则。

6. 作为支柱与第2排2名侧翼对抗司克兰架

动作要点（图61）：

图61

● 与司克兰架保持安全接触。

7. 作为侧翼在第2排支援支柱对抗司克兰架（图62）

图62

8. 5人对抗司克兰架（图63）

图63

9. 5对5（图64）

图64

10. 8对8（或8人对抗司克兰架，图65）

图65

裁判要点：

（1）赛前

- 检查所有前排队员是否受过良好训练，是否能够胜任该级别比赛。
- 与司克兰前排队员和传锋谈话，说明顶架动作要求。

（2）司克兰时

- 全程指导监控。
- 在顶架前确保所有队员都夹扎好。
- 确保双方前排队员没有下冲，肩部高于臀部。
- 确保球直线投入通道中。
- 如果司克兰不稳，应及时吹哨。
- 防止防守方非法破坏司克兰。
- 防止有人越位。

六、争边球（Lineout）

争边球就是在球出边线后，通过向两队队员之间投球重新开始比赛的一种方法。通常由最后控制球或接触球的对方进行投球，争球队列中任何一个队员都可以跳起，并在其他两名球员的托举下进行争球。投球队具有一定优势，因为他们可以通过暗号通知争球队员即将进行的投球方式。一旦球被接住，就可以传给传锋，展开后续进攻，或者转变成冒尔，这与争边球的位置有关。

1. 争边球要点

- 最好所有队员都能胜任接球队员、托举队员的角色。
- 在争边球时队员角色可以互换。
- 投球的好坏是争边球的关键。
- 队员之间保持沟通，确保争边球安全高效。

2. 起跳球员

- 开始姿势：挺胸、抬手，屈膝（图66）。

图66

● 两脚用力向上起跳（图67）。

图67

● 快速跑向被托起的位置（图68）。

● 起跳球员被托起后，维持伸展姿势（臀部支撑），两手接球。确保起跳和托起动作都在可控范围内（图69）。

● 与托举队员沟通，确保安全落地（图70）。

● 两脚屈膝落地，做好缓冲动作（图71）。

图68

图69

图70

图71

争边球安全要点：

● 不可以对空中队员做任何侵犯性动作。

● 不能对正在托举的队员做任何侵犯性动作。

● 托举队员要对接球队员的安全负责，必须安全地放回地面。

3. 托举队员

● 与接球队员协同动作。

● 构建一个稳定宽大的基底，双脚与肩同宽（图72）。

图72

● 采取半蹲姿势，屈膝，挺胸，确保背部平直（图73）。

图73

● 手指张开，用手掌去紧握接球队员（图74）。

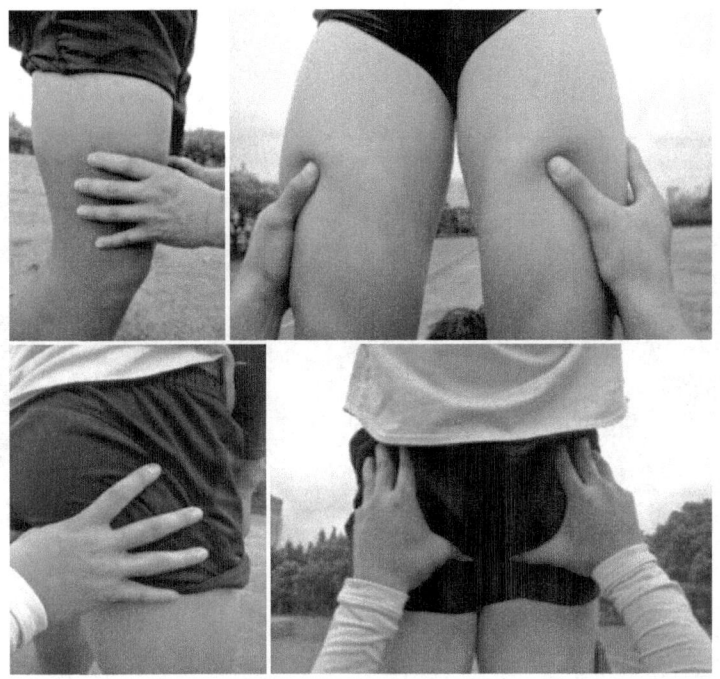

图74

● 托举时伸直上臂，锁定肘部，腿部协同发力（图75）。

图75

● 全程维持紧握和支撑，直到把接球队球员安全地放回地上。不能移动到阻挡对手的位置（图76）。

图76

教学要点：

● 采用渐进教学确保安全。

● 托举队员先用拉克垫或扑搂包练习支撑动作。

● 确保托举队员用腿而不是用腰支撑接球队员。

● 确保接球队员在空中保持强有力的伸展姿势。

● 注意发展队员的速度和协调性。

● 注意练习投球技术。

● 练习接球后对球的不同处理方法。

裁判要点：

（1）检查

● 要求两队站立位置距离投球线各0.5米。

● 球被直线投入两队之间。

● 接球队员被正确支撑，并安全放回地面（不能被抛弃在空中）。

- 不参加争边球的队员必须退到10米越位线以外。

（2）注意

- 是否有队员进入到两队之间的空地。
- 是否支撑对方队员。
- 是否搂抱摇晃对方队员。
- 是否非法阻碍、控制对手。

七、变向与制动

变向与制动是下肢前交叉非撞击性损伤的高发动作。掌握安全的变向与制动技术对于降低运动损伤风险非常重要。研究表明，膝关节屈曲10°，胫骨产生的向前切应力远大于膝关节屈60°时，大约是后者的1.5倍，前交叉韧带的受力非常大，所以运动员的下肢要避免在直立或微屈状态下发力。

"一步制动"常发生在运动员突然急停和转向过程中，单腿膝关节处于伸直或微屈状态，在股四头肌强大的向心/离心收缩力与地面反作用力共同作用下，前交叉韧带瞬间受到强大的作用力，极易发生损伤。因此"一步制动"是一种极不安全的运动技术。安全的做法是变一步急停为三步急停，通过降低重心、屈膝和增加步数减少前交叉韧带负荷来降低损伤风险。

有研究发现膝关节、踝关节等下肢运动损伤都与变向跑有关，例如，膝关节前交叉韧带（ACL）损伤与变向时膝关节接近伸直位的减速，以及膝关节内扣（外翻）有关。正确变向跑首先要求膝关节对准脚尖，尤其应避免膝内扣情况，这样可以减少膝关节半月板和侧副韧带的损伤风险；其次伸膝减速时，膝关节弯曲度应大于30°。日常下肢股四头肌、腘绳肌和髋关节外展肌群的力量与耐力练习有助于维持正常的下肢运动形式。此外，针对变向时的一些下肢神经肌肉协调性练习，如"Z"字形跑、侧向跳跃等练习，也有助于降低变向时的损伤风险。

〔示例一〕侧弓步

侧弓步可以练习运动员单腿髋关节的减速缓冲和正确的侧向运动方法，

运动员在做该动作时应将注意力放在臀部肌肉和大腿后肌群上。左脚侧向左迈步下蹲至大腿水平成左侧弓步，膝盖不超过脚尖，弯屈髋关节，同时向后伸臀部，右腿放松留在原地，保持背部挺直，维持1秒钟。此时主要是大腿后肌群和臀部肌群在用力，如果感到膝关节疼痛，请暂停练习，及时纠正动作或寻找原因（图77）。

图77

〔示例二〕侧向跳跃

侧弓步练习一段时间后，可逐步过渡到左右跳跃练习，这是预防前交叉韧带损伤的一个非常重要的功能性动作。由于踝关节也参与到侧向缓冲运动中，所以该动作也能很好地预防踝关节扭伤。

快速的左右弹性跳跃，就像从一个跳床跳到另一个蹦床。注意保持背部挺直，弯屈髋关节，膝盖不超过脚尖，落地注意缓冲，声音小，尽快弹起。每次做2组，每组做20～30秒，中间休息1分钟。同上一练习一样，将注意力集中在髋关节、臀部肌群和大腿后肌群，避免膝盖和大腿前肌群过多用力。运动员处于赛季，就不要做过多的这种练习。如果运动员每天能够按正确动作做杠铃下蹲，其他练习可以安排2次/每周，作为热身或整理活动时的动作（图78）。

图78

橄榄球是一项进攻与闪避的运动，一旦获得持球权，就必须全力设法进攻，达阵得分。最有效的进攻方式是避免冲撞，持球穿插对方防守空当，或传球给位于空当的队友。优秀的橄榄球运动员可以通过变化步伐快慢节奏，改变跑动速度和方向，以及假动作提前探查防守队员意图，避免冲撞，闪开对手。"一步急停"容易被防守队员识破攻击意图。

此外，加速转身技术也可以提高变向动作的安全性。该技术强调先将内侧脚（内侧脚为靠近变向方向的脚）伸出，脚尖转向转身方向，然后发力转身、加速，完成变向。在这技术中前交叉韧带受力较小，损伤风险得到有效控制。在橄榄球比赛中，加速转身技术可以与步伐节奏、跑动速度、跑动方向、假动作等变化融合到一起运用，提高突破成功率，降低损伤风险。

八、接高球

在橄榄球比赛中，常出现踢高球。接球队员在受干扰的情况下接球很有可能失误，甚至受伤，所以接高球的技术非常重要。安全的接高球技术需要注意以下几点：

- 全力跳起，伸展身体去接球。
- 眼睛注视球，双手伸向球，肘部收紧，防止漏球。

- 单腿尽可能高地提膝保护自身。
- 落地后，迅速降低重心，转身背向对手，防止被扑搂。
- 注意利用踝、膝、髋三个关节落地缓冲，避免直膝或微屈落地。
- 落地避免膝关节内扣（外翻）。
- 避免全脚掌落地。

九、捡地面球

在橄榄球比赛中，常常要捡地面上静止或缓慢滚动的球，要想安全且快速地捡地面球，需要注意以下两点：

- 降低身体重心，接近球时向前跨出一步，使球的位置接近后脚。
- 然后单手或双手抄起球，抱于胸前。

该技术的优点是有利于保持队员身体平衡，降低捡球时的速度损失。安全要点是，捡球时眼睛注视球，屈膝屈髋，保持背部平直（图79）。

图79

第八节　整理运动与恢复

在运动时，身体承受大量运动负荷，肌肉纤维、肌腱和韧带受到损伤，大量代谢产物堆积在体内。有效的整理活动会促进运动员身体机能的恢复。整理活动与恢复分为以下三个阶段：

第一阶段：低强度运动

做5分钟低强度的有氧运动，如慢跑，行走结合上肢练习（如挥臂、绕环、前后击掌等）。该过程有助于恢复心率到安静状态，促进血液回流，减少疲劳感。注意用深呼吸来提供充足氧气给身体，分解乳酸等代谢产物。

第二阶段：拉伸

做5~10分钟的静态拉伸，有助于恢复肌肉和关节的正常长度与功能，促进机体恢复，预防运动损伤。

第三阶段：补充营养

运动结束后，尽快喝一些水或运动饮料，吃一些容易消化的食物（如水果等）。

以下是静态拉伸的例子，每次拉伸10~30秒，重复2~3次。拉伸重点是腘绳肌、小腿三头肌、髂腰肌、股四头肌和肩关节。

1. 腘绳肌拉伸

伸直前腿，屈后腿，直背体前屈（图80）。

2. 股四头肌拉伸

从后方用手拉起一侧脚尽量向身

图80

体靠近，另外一条腿直膝站立，注意身体保持直立，后背平直，双膝维持在一条直线上（图81）。

图81

3. 髂腰肌拉伸

单腿跪撑，抬起同侧手臂，髋部向前移直到感到拉伸（图82）。

图82

4. 背阔肌拉伸

双腿跪姿，身体前倾，双臂前伸，下压肩部（图83）。

图83

5. 小腿拉伸

蹲姿起跑姿势，伸直后腿，全脚着地，拉伸小腿（图84）。

图84

第九节　运动损伤管理

在橄榄球运动中发生损伤时，重要的是要能正确诊断、处理损伤，并帮助运动员尽快恢复，返回赛场。运动损伤管理有三个阶段，即诊断与现场治疗；康复；返回赛场。

一、诊断与现场治疗

1. 急性或灾难性损伤

如果发生急性或灾难性损伤，每一个人包括运动员、教练员、裁判员和行政人员都必须知道要做什么，并记载到紧急计划中。

（1）求助。

（2）叫救护车。

（3）和受伤运动员讲话。

（4）查验呼吸，移除受伤运动员的护齿。

（5）查验血液循环。

（6）不可移动受伤运动员。

（7）留在受伤运动员旁边并维持与其讲话沟通。

（8）替受伤运动员保温直到专业救助人员到达。

注意：上述措施只是帮助受伤运动员的方法，损伤必须由具备医疗资质的人员来处理（表3）。

表3 比赛现场损伤评估方法（TOTAPS评估表）

谈话	怎么了？哪里痛？
观察	看看损伤部位。检查与无损伤处有何不同？（肿胀、不同颜色等）
触摸	触摸肿胀情形、压痛情况和疼痛情况。
主动动作	叫运动员自己做损伤部位的运动。
被动动作	如果能自己动损伤部位，小心帮助他（她）做损伤部位的全幅运动。
技术测试	如果主动动作和被动动作都不会痛，叫他（她）站起来看看下肢是否能完全承载体重并看看他（她）是否能走路。如不能，该运动员必须被移出赛场（下肢无法承受体重）。

脑震荡的相关规定

IRB规定节录如下：

● 运动员遭受脑震荡时，从受伤日起至少三星期内不许参加任何比赛或练习。之后，只有经过医学检查认为症状解除并被宣告可以恢复运动时再重返运动场。这宣告必须由执行检查的人以书面形式提出。

● 在上述条款的约束下，如果该运动员经过合格的神经专家评鉴认为症状解除并被宣告可以比赛时，这三星期期限是可以缩短的。这宣告必须由执行评鉴的人以书面形式提出。

● 对于青少年运动员，这三星期的最短期限是强迫性的。

POCKET SCAT2是国际足联〔FIFA〕、国际足联医学评估与研究中心〔FIFA-Medical Assessment and Research Centre〕、国际冰球协会〔IIHF〕、国际奥林匹克委员会〔IOC〕和国际橄榄球理事会认可的一种运动脑震荡评估工具，包括症状评估、记忆功能评估、平衡测试三方面内容。

〔**症状评估**〕

脑震荡可能出现以下任何一个或多个现象：症状，诸如头痛等；体征，如不稳定等；或脑功能受损，如思维混乱或行为异常等。

如果出现下列任何现象或症状，则可能有脑震荡：

● 失去知觉
● 感觉迟缓
● 惊厥或痉挛
● 感觉如"堕雾中"
● 失忆
● "感觉不妥"
● 头痛
● 难以集中注意力
● 头胀
● 记忆困难
● 颈痛
● 疲倦或体能下降
● 反胃或呕吐
● 神志模糊
● 头昏眼花
● 嗜睡
● 视觉模糊
● 情绪异常
● 平衡问题
● 易怒
● 对光线敏感
● 伤感

- 对声音敏感　　　　　　　● 神经过敏或焦虑

〔记忆功能评估〕

如果不能正确回答下列问题，可能有脑震荡：

- "我们今天在哪个场地比赛？"
- "现在是上半场还是下半场？"
- "比赛中最后得分是多少？"
- "你上周/上场比赛的对手是哪个队？"
- "上一场比赛，你的球队赢了没有？"

〔平衡测试〕

前后脚纵向站立，将非惯用脚放于后方，以脚跟对脚趾的方式站立，体重平均分布于双脚。闭目，双手置于臀后，尝试站立20秒。然后开始统计你身体开始离开原位的次数。若运动员感到摇摇晃晃地离开原位，则可以睁开眼睛返回原位重新测试平衡。当运动员准备完毕开始闭眼后，就开始计时。观察运动员20秒，若出现5次错误，诸如：手离开臀部、睁开眼睛、提起前脚掌或后脚跟、迈步、摇晃或跌倒、离开原位超过5秒等，就提示平衡有问题，有可能存在脑震荡。任何被怀疑脑震荡的运动员应立即离开比赛场地，并做紧急医学许估，不可以单独留下或让其自行离开。

Pocket SCAT2已于2008年11月由一组国际专家在瑞士苏黎世举行的第3届国际运动脑震荡共识会议中发表。有关会议结果和各种工具创造者的详细资料已刊登在2009年英国运动医学杂志第43卷附录1上。

2. 软组织损伤

表4　扭伤、拉伤和挫伤通常用PRICED方法来处理

保护	损伤一发生，患部和运动员必须被保护，以免除进一步的损伤。如有疏忽，风险将会使问题恶化并延误康复。 ● 必须包扎擦伤和裂伤。 ● 必须包扎或支撑受伤关节。 ● 避免伤处负重。

（续表）

休息	适当的休息让组织能复原和补修，这对任何损伤都是极重要的。
冰	冰可以止血、消肿。按时冰敷可以缩短复原时间、减轻疼痛。损伤冰敷时间为20分钟/2小时。冰敷时可以用凡士林膏或凡士林膏油来避免冻伤。
压缩	加压可以阻止肿胀并缩短复原时间。
抬高	抬高患部可以减轻肿胀和疼痛。
诊断	尽早诊断和正确处理是康复的最快途径。

损伤一旦确诊，72小时内应避开任何可能加重损伤的因素（见表4、表5）：

表5　可能加重损伤的因素

热敷	会增加出血和肿胀并使疼痛和僵硬加重。
酒精	会增加出血和肿胀并隐藏疼痛和伤害的严重性。
跑动	休息是上策。
按摩	绝对禁止，因为会增加流血和肿胀，从而推迟康复。

在处理运动员伤害时，必须戴手套来保护该运动员和急救员，避免他（她）们被传染到如HIV和肝炎之类经由血液传染的疾病。血液不可以在运动员之间传来传去。任何被血污染的器物都必须用塑料袋密封并安全丢弃。

大出血威胁生命，必须尽快止血，可直接压迫伤口止血，或压迫动脉止血，并紧急转运到医院或外科手术房。

3. 伤病调查

伤病调查可以追踪伤害发生的原因与情形，从而寻找方法阻止同样伤病再发生，所以非常重要。教练员应鼓励运动员把伤害说出，否则他（她）们是在冒使病情恶化或永远不治的危险，尤其是脑震荡。伤病调查有助于保护运动员，延长运动生命。各俱乐部和协会都应设有专人负责伤病统计。

4. 赛时处理方法

- 如果有运动员受伤而且继续比赛可能有危险时，裁判员必须暂停比赛。
- 运动员不许穿戴染有血迹的服装。
- 运动员有开裂伤口或流血伤害时，必须离开场地；在流血被控制、伤口被包扎前，不许返回比赛场地。

二、心肺复苏

心肺复苏术（CPR）是通过有效挤压脊椎和胸骨之间的心脏迫使血液从心脏中流出。近期有大量证据表明，在尽量避免干扰的情况下实施的有效心肺复苏术是提高伤者存活率的关键。

以正确的速率和幅度进行胸外按压十分累人。团队合作十分重要，如果只有一名急救人员，急救员感到疲劳时，最好寻找一名接受过心肺复苏术培训的旁观者，甚至"指导"一名未受过相关培训的人员与急救员轮流进行胸外按压。

心肺复苏指南基于国际复苏联合委员会（ILCOR）的循证研究和普遍共识，虽然都以专家组的证据和共识为基础，但欧洲复苏协会（ERC）指南与美国心脏协会（AHA）指南之间仍存在些许差异。但无论哪种准则，其所传达的主要信息都是相同的，即强调实施高质量的心肺复苏术并尽早进行除颤。

高质量心肺复苏术的要求是：

- 每分钟按压100～120次。
- 按压幅度最少为5厘米。
- 最大程度缩短双手离开胸部的时间/减少按压过程中的干扰。
- 允许胸部充分回弹。

研究表明，没有经验的急救人员很难判断心搏停止，另外，濒死呼吸是判断心搏停止过程中的一个主要干扰因素。很多心搏停止的受害者未能接受心肺复苏术治疗，主要是因为旁观者对心搏停止缺乏认识并且害怕犯错。考虑到这一点，美国心脏协会在其2010年的指南中决定取消最初气道开通环节中的仰头提颏步骤。急救人员首先观察伤者周围区域是否安全并接近伤者。然后轻拍伤者肩膀，检查伤者反应。如果没有反应，应呼叫紧急服务并索要自动体外除颤仪，然后观察伤者胸部，确定伤者是否呼吸正常。如果伤者呼吸异常，应将一只手置于伤者胸部中央，然后将另一只手的腕部放到前一只手上面，立即进行胸外按压。欧洲复苏协会指南的步骤顺序略有不同。接下来，急救人员应实施心肺复苏术，每按压30次进行2次人工呼吸。自动体外除颤仪送到后，装上仪器。欧洲复苏协会指南与美国心脏协会指南全都采用30：2的按压与人工呼吸比例。为简便起见，美国心脏协会规定按压次数的下限为100次/分钟，但未规定上限。

无论遵循哪种指南，都请切记，对没有反应的伤者实施心肺复苏术不会造成任何伤害。如果没有自动体外除颤仪，应继续进行胸外按压和人工呼吸，直到将伤者送交急救机构。请切记，按压的连续性越好，伤者存活的几率就越大。

如果不想对伤者进行人工呼吸，对伤者实施"胸外按压式心肺复苏术"也是不错的选择。尽早实施心肺复苏术可使伤者的存活几率翻倍。

一旦确定伤者出现心搏停止，应立即对其实施心肺复苏术：首先进行胸外按压。胸外按压的目的是促进血液循环，以在除颤仪送到进行心脏起搏前，使心脏及其他器官保持活力。

1. 胸外按压技术

（1）跪在伤者一侧。

（2）将一只手的腕部置于伤者胸部中央/胸骨下半部分。

（3）将另一只手的腕部放在第一只手上面。

（4）交叉双手手指。请确保您只是按压胸骨，而不是肋骨或上腹。

（5）双臂伸直并与伤者胸部垂直，向下按压5~6厘米。

（6）之后减轻压力，但手应与伤者皮肤保持接触。以每分钟100至120次的速度（约每秒2次）重复30次按压。

（7）按下和弹起的时间应相同。

要点：用力、快速推，不要停顿。

2. 人工呼吸

目前的指南为30次按压后进行2次人工呼吸。但是，由于伤者口部周围的血液或呕吐物可能会增加急救人员的风险，因此某些人可能不愿通过嘴对嘴的方式实施心肺复苏术。

在嘴对嘴实施心肺复苏术的过程中被感染的情况十分罕见，但是也可使用袖珍面罩或手帕在不发生皮肤接触的情况下进行人工呼吸。如果没有袖珍面罩或手帕，而您又不愿意进行嘴对嘴或嘴对鼻的人工呼吸，则也可实施仅包含胸外按压的心肺复苏术。

（1）进行30次胸外按压后，应用仰头提颏法打开气道。

（2）食指和大拇指捏住伤者鼻子的柔软部分，小鱼际抵在伤者的前额上。

（3）保持下颏抬起的同时打开伤者口部。

（4）正常吸入一口气，然后将您的嘴唇放到伤者嘴唇上，形成密封状态。

（5）稳定吹入空气（约1秒钟），直到伤者胸部升起。

（6）保持伤者头部倾斜／下颏抬起，将您的嘴移开，观察伤者胸部落下。

（7）重复进行第二次人工呼吸，两次人工呼吸应在5秒内完成。

（8）将您的双手立即放回伤者胸部，再次进行30次按压。然后重复人工呼吸的步骤。

三、康复

康复需要有受过适当训练的医疗人员、医生、物理治疗医生和体能训练师的监督和管理。康复的内容包括：

- 肌肉力量的恢复。
- 恢复关节的全幅度运动。
- 协调性与平衡感的恢复。
- 恢复并保持体能，如骑单车、游泳之类。
- 当准备就绪后，渐渐练习橄榄球专项技术。

● 进行冲撞练习，直到能承受比赛强度碰撞。

如果这些都已做好，就可以回到比赛中去！

四、返回赛场

运动员只有在经过教练员、医生、物理治疗医生测试，认为该运动员已经完全准备就绪，可以回到赛场上时，才可以重返赛场。这些测试必须包括赛季开始时所用的体能测验和该运动员在比赛中将要做的橄榄球技术和动作，如扑搂、变向和跳跃等。对比分析运动员受伤康复前后的各种监测数据，如果他的体能与技术能恢复到受伤前水平，就可以重返运动场。

第二章　英式橄榄球运动损伤风险与预防策略

英式橄榄球运动损伤是限制运动员正常训练与比赛发挥的重要原因，为此每年需要花费大量资金和时间用于运动员伤病治疗与康复。一些国际英式橄榄球强国经过总结伤病控制经验，逐步形成了一些行之有效的英式橄榄球运动风险控制体系。运动实践证实，预防性康复训练可以有效地减少损伤风险，促进伤病康复，但康复训练计划的制定与实施必须与日常训练相结合，长期坚持，循序渐进，避免过度训练，才能取得最佳的伤病预防与康复效果。热身、腘绳肌练习和本体感受器与平衡性训练是科学性下肢康复性训练方案的必备内容。

第一节　损伤发生率

国内外研究显示，在英式橄榄球运动中下肢相对身体其他部位损伤风险最高。1995年南非英式橄榄球世界杯赛上，下肢损伤发生比例为42%。阿根廷英式橄榄球联赛下肢损伤发生比例为12%，其中14%为膝关节损伤。2005年一项针对南非12名优秀英式橄榄球运动员的跟踪调查提示，英式橄榄球运动中骨盆和髋关节是最常见的损伤部位（19%），其次是膝关节（13%）；按组织类型韧带损伤占25%，肌肉拉伤占24%；赛季中膝关节损伤比例为12%，大腿为8%，踝关节为5%；非赛季踝关节损伤比例最高（14%），其次是大腿（13%）和腘绳肌（11%）。澳大利亚英式橄榄球联盟的一项伤病调查揭示，专业英式橄榄球运动中52%的损伤发生在下肢，韧带拉伤、断裂占26%；在业余英式橄榄球比赛中，损伤比例最高的是肌肉拉伤（29%）。达莱娜（Dallana）等人研究发现，膝关节损伤是导致英式橄榄球运动员缺赛时间最长的主要原因，其中前交叉韧带和内侧副韧带损伤比例最高，分别为27%和25%。一项关于美国在校学生运动损伤的调查显示，英式橄榄球损伤发生率为5.3例/1000小时，男子损伤占87%，踝关节损伤占13%。崔铁成等人报道我国男子英式橄榄球运动损伤中膝关节最常见（25.36%），其次是踝关节（21.74%），大腿（11.59%）；华宏等人报道我国女子英式橄榄球运动员膝关节损伤比例为28.2%，踝关节损伤比例为9.8%。

一项长期跟踪调查研究显示，26%的运动员是因为伤病退役，其中35%的人有膝关节损伤。其他一些相关研究也提示膝关节损伤是导致运动员无法正常训练、比赛的最常见病因。多数下肢损伤为急性，很少有慢性损伤。2005—2006年英式橄榄球（RugbySmart）项目调研发现，新西兰英式橄榄球运动中膝关节损伤占25%，为此支出医疗费用占总医疗费的31%。

第二节　损伤相关因素

一、比赛水平与损伤风险

有研究显示，运动损伤与比赛水平正相关。其原因可能是与高水平赛事中运动员体重大、身体冲撞强烈、比赛时间相对较长有关。巴斯盖特（Bathgate）等人跟踪调查显示，职业英式橄榄球队建队时运动损伤发生率为47人/1000小时，两年后随着运动水平的提高，损伤发生率上升为74人/1000小时。

二、性别与损伤风险

目前女子英式橄榄球运动员运动损伤比例正在逐年上升，其受伤的因素与女性生理特征有关，如女性的月经周期、骨盆比男性宽等。有研究发现在2006年女子英式橄榄球世界杯赛上，55%的女运动员至少受过1次伤，4名运动员受过2次伤。多数女子英式橄榄球运动损伤发生在比赛时，前锋运动员损伤发生率最高。有统计表明扑搂是高风险的损伤动作，占损伤原因的63%。华宏等人研究显示，我国女子英式橄榄球运动员扑搂导致损伤也占到了26.5%。2014/2015年橄榄球世界杯比赛统计发现，女子损伤发生率为86%，男子为55%，女性运动员损伤风险明显高于男性。

三、比赛阶段与损伤风险

比赛时扑搂、拉克和冒尔的损伤发生率高，犯规也是英式橄榄球运动损伤的重要原因之一。1995年英式橄榄球世界杯56%的损伤发生于比赛时的扑搂，23%的损伤发生于拉克和冒尔，11%的损伤发生于拉开进攻阶段，9%的损伤是由于犯规导致。1994—2000年澳大利亚英式橄榄球队伤病调查显示，59%的损伤发生于扑搂，20%的损伤发生于拉开阶段。阿根廷队有33%的损伤发生于拉开进攻阶段。另外，还有研究显示下半场是损伤的高发时期，疲劳是此时损伤的最主要诱因。

四、队员位置与损伤风险

目前对英式橄榄球运动损伤与赛场位置之间的关联性研究结果仍有争议。有研究提示，英式橄榄球前锋、后锋之间损伤风险并无明显差别。但根据阿根廷的研究显示，边锋可能是最易受伤的位置（16%）。澳大利亚研究显示，锁球队员是最易受伤的前锋，10号是最易受伤的后锋。我国研究显示，前锋、后锋之间下肢损伤发生率无明显差异，但前锋头颈部和肩部损伤发生率明显高于后锋。

五、运动损伤史与损伤风险

运动损伤史是再次发生损伤的高风险因素。但有调查发现，多数受伤运动员仍然选择坚持完成整个比赛，其中39%的受伤运动员经过治疗康复后又重返赛场。

第三节　运动损伤预防

一、风险预防策略

新西兰英式橄榄球（RUGBY SMART）计划是最早的一项较为系统的英式橄榄球运动损伤预防策略。该计划自2001年启动，参加人员包括10000名教练员和2000名裁判员，长期跟踪研究英式橄榄球运动损伤及其预防康复措施，并向全国英式橄榄球运动员和教练员提供预防损伤，降低运动风险的最新成果。最近一项调研结果表明，新西兰英式橄榄球运动员下肢和膝关节损伤自2005年就开始逐年下降。

近期有研究提示，运动损伤预防策略应从以下几方面开展：赛季前的体能训练、运动损伤预防教育、身体平衡和运动专项技术。相关研究显示，通过预防性的康复训练可以减少膝关节和踝关节损伤事件的发生。休伊特（Hewett）等人赛季前进行了有计划的损伤预防训练，内容包括柔韧性、力量、爆发力、落地技术等方面，结果发现对于预防运动损伤非常有效。虽然有研究报道赛季前训练时间过长可能会增加英式橄榄球运动的损伤风险，但相关数据仅来源于运动员回顾，缺乏相关医学诊断支持。此外，新西兰一项研究发现，那些每周参加40小时大强度训练的运动员受伤风险明显增加，因伤无法比赛的事经常发生。这提示教练员应注意训练负荷的安排，避免运动员因过度疲劳发生损伤。

二、准备活动在风险预防中的作用

近期有研究证明科学合理的准备活动对预防运动损伤非常重要。研究发现，全面的热身计划可以减少手球运动员膝、踝关节的损伤。有大样本研究针对女子足球运动员下肢运动损伤制订了一套特定的PEP准备活动计划，内容包括热身、拉伸、力量训练、增强式训练、专项灵敏性训练，主要用于弥补膝关节周围肌肉力量以及协调性与稳定性，结果发现该热身计划比传统热身方式更加有效，明显减少了前交叉韧带（ACL）损伤。最近，有关男子足球运动员准备活动计划的研究，也进一步证实科学合理的热身与整理运动可以明显降低下肢运动损伤的风险。

三、预防性康复训练在风险预防中的作用

最近很多研究表明，本体感受器训练和平衡练习对运动损伤预防很重要。埃默里（Emery）等人研究发现，通过"家庭本体感受器训练计划"可以明显提高青少年的静态、动态平衡能力，显著降低下肢损伤风险。另有研究发现，使用平衡盘进行力量训练的女子手球运动员下肢损伤发生率明显低于对照组。还有研究显示英式橄榄球运动员进行本体感受器训练也能明显降低下肢损伤发生的风险。目前大量伤病预防研究都集中在前交叉韧带损伤上。一项针对优秀足球运动员随机调查的研究显示，采用平衡板进行的静态平衡训练可以明显降低前交叉韧带损伤发生率。一项针对1040名女子足球运动员的研究发现，在正常训练前采用专门康复热身计划可以明显降低前交叉韧带损伤发生风险。在该康复热身计划实施的第一年，干预组前交叉韧带损伤发生率比对照组低88%，第二年干预组仍比对照组低75%。一般认为女子运动员前交叉韧带损伤高发原因与膝关节外翻Q角过大有关，迈耶（Meyer）等人通过7周神经肌肉系统训练，发现女运动员外翻Q角过大的现象得到明显改善，结果提示通过神经肌肉系统训练有可能改善膝关节的生物力学结构。其他一些研究也支持这一观点。

运动时髋、膝和踝关节之间的相对位置对于预防损伤非常重要，下蹲或落地时髋关节弯曲度不够和膝盖超过脚尖是膝关节韧带损伤的重要生物力学机制，有研究证实，通过本体感受器训练可以改善膝关节弯屈时的位置。

腘绳肌是稳定膝关节前交叉韧带的重要附件。腘绳肌拉伤是很多项目的常见伤病，也是运动员缺席比赛的常见原因。有研究表明，通过腘绳肌力量训练可以降低前交叉韧带损伤风险。扑搂是英式橄榄球运动员膝关节损伤的重要外因，而腘绳肌力量弱则是膝关节损伤的重要内因。目前已有研究证

实，通过有针对性的康复性练习可以预防腘绳肌拉伤，从而降低膝关节损伤的风险。希尔（SHERR）等人在研究中将下肢受伤后处于康复期的运动员分为两组，两组都做腘绳肌拉伸与力量训练，但其中有一组同时进行循序渐进的灵敏性训练和核心稳定性训练，结果发现配合进行灵敏性与核心稳定性的训练组再次损伤发生率（0%）明显低于对照组（55%），提示腘绳肌拉伸与力量配合进行灵敏性和核心稳定性训练是预防下肢损伤的好方法。希尔等人的后期跟踪调研显示，运动员重返赛场1年后对照组下肢再次损伤的发生率为70%，而训练组的下肢再次损伤率仅为8%。

众多研究也证实平衡性与本体感觉训练对于预防康复踝关节损伤也非常重要。克德杰（Kidgell）等人通过步态分析研究发现，小蹦床和平衡垫练习可以提高踝关节的稳定性。有研究发现排球运动员通过平衡板练习明显减少了踝关节扭伤发生率及其再次损伤的风险。谢思（Sheth）等人通过表面肌电研究发现本体感觉训练可以显著缩短踝关节的反应时。长期坚持预防性康复训练计划对于预防伤病非常重要。有研究发现排球运动员通过长期进行康复性训练明显减少了踝关节损伤。同样也有研究发现长期的康复性训练减少了足球运动员50%~70%的前交叉韧带和腹股沟损伤。

第三章 我国英式橄榄球运动损伤发生规律

为研究我国英式橄榄球运动损伤规律，2011年在国家体育总局小球中心的支持下，我们对参加2011年全国橄榄球冠军赛的5只球队（山东、上海、辽宁、四川、北京）进行了伤病调查。总共126人，其中男运动员60人；女运动员66人。根据国际橄榄球理事会（IRB）、英国橄榄球联盟（RFB）、澳大利亚橄榄球联盟（ARU）的运动员伤病调查表，结合相关我国运动医学专家和资深橄榄球教练员意见设计了本次调查问卷。主要指标包括：损伤部位、损伤类型及发生的时段、专项技术的损伤因素等。由中国橄榄球协会和比赛组委会将调查表发给各参赛队，组织队员和队医填写表格。

第一节 损伤部位

2011年全国7人制橄榄球锦标赛中5个队共发生运动损伤70例，其中新伤49例，旧伤复发21例。下肢是损伤最常见部位（膝关节28.6%、踝关节11.4%、小腿8.6%、大腿5.7%、跟腱2.9%，总计57.2%），其次是腰部（18.6%），此外头、颈、肩、胸、上肢等部位也有损伤发生（详见表6）。

表6 身体各部位运动损伤情况

损伤部位	次数	比例
膝关节	20	28.6%
腰部	13	18.6%

（续表）

损伤部位	次数	比例
踝关节	8	11.4%
小腿	6	8.6%
大腿	4	5.7%
肩部	3	4.3%
头面部	3	4.3%
颈部	2	2.9%
上臂	2	2.9%
手腕	2	2.9%
肘部	2	2.9%
跟腱	2	2.9%
胸部	2	2.9%
眼	1	1.4%
总计	70	100.0%

第二节　损伤发生的时段

调查结果显示，扑搂是比赛时损伤发生次数最多的，共29次，占41.4%。其他由高到低依次为，变向跑、司克兰、拉克、接高球、鱼跃过程中、争抢开球，详见表7。

表7　运动损伤发生时段

比赛时段	次数	比例
扑搂	29	41.4%
变向跑	13	18.6%
司克兰	8	11.4%
拉克	6	8.6%

（续表）

比赛时段	次数	比例
接高球	6	8.6%
鱼跃过程中	4	5.7%
争抢开球	4	5.7%
总计	70	100%

第三节　专项技术的损伤因素

一、扑搂

被扑搂队员损伤次数和比例均明显高于扑搂队员（见表8）。发生损伤时的扑搂多为正前方扑搂，其次是侧方、后方的扑搂（见表9）。发生损伤时的扑搂和被扑搂队员速度多数为高速，其次为中速，低速未见损伤，（见表10、表11）。损伤时被扑搂队员运动轨迹多数为直线跑，其次为变向跑（见表12）。在调查中还发现，在扑搂损伤中有2例是因为倒地时手撑地所引起的损伤。

表8　损伤队员角色

角色	次数	比例
扑搂	10	34.5%
被扑搂	19	65.5%

表9　损伤时扑搂方向

扑搂方向	次数	比例
侧方	11	37.9%
后方	3	10.3%
前方	15	51.7%

表10　损伤时扑搂队员速度

速度	次数	比例
高	17	58.6%
中	12	41.4%
低	0	0%

表11　损伤时被扑搂队员速度

速度	次数	比例
高	21	72.4%
中	8	27.6%
低	0	0%

表12　损伤时被扑搂队员运动轨迹

运动轨迹	次数	比例
变向跑	10	34.5%
直线跑	19	65.5%

二、司克兰

调查发现，司克兰时段的损伤多发生于冲撞瞬间（50%）和司克兰崩溃（25%）时，向上挑推或司克兰旋转也有损伤发生，正常直推和勾球时未见损伤发生（见表13）。

表13　司克兰的损伤时刻

姿态	次数	比例
崩溃	2	25.0%
冲撞瞬间	4	50.0%
向上挑推	1	12.5%
旋转	1	12.5%

（续表）

姿态	次数	比例
直推	0	0%
勾球	0	0%

三、拉克

调查显示，扑搂队员、被扑搂队员和支援队员中，被扑搂队员的损伤次数和比例最高（见表14）。拉克时队员受伤多发生在倒地时，比例为66.7%（见表15）。拉克时受伤情形多数为被踩踏致伤（66.7%），此外抓拧，撞击也是导致损伤的因素（见表16）。

表14　损伤队员角色

角色	次数	比例
扑搂	1	16.7%
被扑搂	4	66.7%
支援队员	1	16.7%

表15　受伤姿势

姿态	次数	比例
半蹲	1	16.7%
倒地	4	66.7%
站立	1	16.7%

表16　受伤情形

受伤情形	次数	比例
踩踏	4	66.7%
抓拧	1	16.7%
撞击	1	16.7%

第四节　专项技术中的损伤规律

国内外研究显示，在橄榄球运动中下肢相对身体其他部位损伤风险最高。1995年南非橄榄球世界杯赛上，下肢损伤发生比例为42%。阿根廷橄榄球联赛下肢损伤发生比例为12%。国内报道我国男子橄榄球运动员下肢损伤比例为58.69%，女子橄榄球运动员下肢损伤比例为38%。本次调查结果也显示我国橄榄球运动员下肢损伤比例为57.2%，所以橄榄球运动损伤的高风险部位是下肢，需要重点预防。

国外文献报道提示比赛时扑搂、拉克和冒尔是损伤的高发时段。1995年橄榄球世界杯56%的损伤发生于比赛时的扑搂，23%的损伤发生于拉克和冒尔。1994—2000年澳大利亚橄榄球队伤病调查显示59%的损伤发生于扑搂。本次调查显示在我国橄榄球比赛中，扑搂是损伤的高发时段，其他由高到低依次为变向跑、司克兰、拉克、接高球、鱼跃过程和争抢开球。与国外相比，我国橄榄球运动中的高损伤风险专项动作种类基本相同，但变向跑损伤风险很高，明显不同于国外。所以正确掌握高风险橄榄球专项技术和变向跑的安全要领，对于预防我国橄榄球运动损伤具有非常重要的作用。

扑搂是指持球队员被1～2个以上对方队员抱住，摔倒在地，是防守、夺取进攻球权的重要技术，也是损伤风险最高的技术。调查显示被扑搂队员损伤比例明显高于扑搂队员。这可能是与被扑搂队员身体受到撞击或束缚，被动摔倒在地有关。调查显示，持球队员直线运动被扑搂导致损伤比例明显高于变向运动，提示直线全速跑很容易被对方掌握运动规律，导致被扑搂。所以持球队员准备进攻时最好通过跑动节奏、方向、速度的变化迷惑对手，突破防线。此外，调查还显示损伤多发生于两者高速运动时，正面扑搂损伤比例要高于侧面和后面的扑搂。这可能是由于速度越快，撞击力越大，正面冲撞时尤为明显，所以损伤风险也较高。

变向跑是橄榄球运动中的一种常见技术，对运动员下肢力量和神经肌肉反应能力要求很高，但很少有人会关注变向跑的安全技术，这导致变向运动的损伤发生率较高，有相当一部分非接触性损伤来自不安全的变向跑。有研究发现膝关节、踝关节等下肢运动损伤都与变向跑有关，例如膝关节前交叉韧带（ACL）损伤与变向时膝关节接近伸直位的减速，以及膝关节内扣有关。正确的变向跑首先要求运动员的膝关节对准脚尖，尤其避免膝内扣，这样可以减少膝关节半月板和侧副韧带的损伤风险；其次伸膝减速时，膝关节弯曲度应大于30°，有研究证明膝关节弯曲度处于20°～30°时ACL受力最大，损伤风险高。日常下肢股四头肌、腘绳肌和髋关节外展肌群的力量与耐力练习有助于维持正常的下肢运动形式。此外，针对变向时的一些下肢神经肌肉协调性练习，如"Z"字形跑、侧向跳跃等练习，也有助于降低变向时的损伤风险。

司克兰是比赛双方争夺球权的一种方式。在司克兰顶架冲撞的瞬间，前锋肩部要承受强大的冲力，如果肩部肌肉力量弱或神经肌肉反应速度慢，就很容易受伤，调查结果也证实冲撞瞬间是司克兰风险最高的时段（50%）。司克兰崩溃时运动员身体容易失去平衡，集团内部顶推力量紊乱，也是容易发生损伤的时段，调查显示该时段损伤比例为25%。司克兰旋转多发生于两侧顶推力量的不平衡，运动员容易失去平衡；司克兰向上挑推为犯规，会使运动员颈肩部受力不平衡，同时也易发生司克兰崩溃或旋转，从而增加损伤风险。调查显示司克兰旋转和向上挑推损伤比例均为12.5%。

典型的拉克由扑搂演化而来，是争夺持球权的一种常用方法。拉克是由两队各一名或多名队员双脚站立，身体互相接触，紧密围绕地上的球所形成的一种比赛局面。形成拉克时，倒在地上的队员被后来的支援队员踩踏的风险较高，调查显示拉克时被踩踏损伤的比例高达66.7%，且多数为被扑搂倒地的队员。

第五节　下肢损伤主要因素与控制措施

一般导致运动创伤的因素有外因和内因。外因为场地、设施、身体对抗冲撞等因素。内因为运动员的旧伤、疲劳、肌肉力量不平衡、本体感觉相对差、存在运动薄弱环节等。综合伤病调查和下肢稳定性因素的研究显示，我国橄榄球运动员损伤的主要内因有：

一、肌肉比例失衡

腘绳肌与股四头肌失衡是最为常见的下肢肌肉比例失衡，是造成股后肌群拉伤的重要因素，同时也是膝关节不稳的重要因素。另外，骨盆周围肌肉比例失衡也是下肢运动风险增加的重要因素，踝关节内翻肌肉过强、外翻力量不足是导致踝关节扭伤的重要因素。

二、下肢运动环节薄弱

多数橄榄球运动员将肌肉练得非常强壮，但一些人体运动的薄弱环节未必会被练到，在下肢中最为常见的是髋关节外展和外旋肌力量弱。髋关节外展、外旋肌是维持下肢正确运动姿势的重要因素，其力量不足易造成下肢内旋增加，增加了下肢损伤的风险。扁平足、高足弓常常造成踝关节外翻或内翻角度过大，是下肢损伤风险增大的重要因素，在踝关节扭伤的橄榄球运动员中踝关节外翻现象非常常见。

三、本体感觉减退

通常运动员的本体感觉要优于普通人，但为了适应高水平的竞技运动，运动员仍然需要提高神经肌肉系统训练，增强本体感觉，以提高平衡与协调能力。橄榄球运动员膝关节和踝关节的损伤发生比例很高，往往会造成相应关节的本体感觉减退，从而增加运动损伤的风险。

四、不恰当的运动技术

运动员虽然具备很强的运动能力，但最基本的运动技术未必是科学的。在调查中发现，橄榄球运动员中有相当一部分人的基本运动技术存在安全问题，如：运动时足外旋角度过大（外八字），膝盖内扣，会造成下肢运动链的扭曲，增加损伤风险。急停时或落地缓冲时膝盖弯曲度不够，造成前交叉韧带负荷过大，增加了损伤的风险。突然变向时小腿过度外旋造成膝关节前交叉韧带负荷过大，增加了损伤的风险。

国外有研究表明，通过科学的预防性康复训练可以降低40%～70%的下肢损伤风险。根据我国橄榄球运动员损伤风险因素的分析结果，可以从以下几方面制定有针对性的预防性康复体能训练对策：

● 注重腘绳肌的力量练习，尤其是离心练习。作为股四头肌的拮抗肌，腘绳肌的主要收缩形式是离心运动，强壮的腘绳肌有利于增强膝关节稳定性，减少Q角，降低腘绳肌肌肉拉伤和膝关节损伤的风险。

● 增强髋关节外展、外旋肌肉力量练习，改善下肢动力链运动形式，避免下肢内旋、膝外翻等情况的发生。

● 进行下肢8个方位的负重弓步缓冲练习，提高下肢缓冲和变向的能力；热身活动中注意增加下肢的增强式练习，激活下肢神经肌肉应变能力，降低非冲撞性膝关节损伤的风险。

● 注重踝关节和膝关节周围肌肉力量的练习。通过平衡球、振动训练等方式训练下肢本体感觉，提高神经肌肉协调性和平衡稳定性。

● 练习安全的跑、跳、变向等运动技术，确保运动员髋关节、膝盖、踝关节、足尖基本在一个平面中运动。避免下肢过度内旋或外旋。注重缓冲技术练习，避免直腿制动，膝关节弯曲度应大于20°。

第四章　我国橄榄球运动员下肢损伤的内因分析

为研究探讨相关人体功能性评估指标与运动损伤风险之间的关系，揭示指标与不同运动损伤之间的关联程度，我国的一项研究从国内外运动医学和康复医学的运动损伤风险与稳定性评估方法中，筛选了11个测试（骨盆倾斜度、股骨前倾角、Q角、跟骨外翻角、Fick角、臀中肌、屈膝肌群、伸膝肌群、膝关节屈伸比值、膝内翻、Y平衡测试）的相关指标与我国橄榄球运动员下肢损伤进行了关联性分析。为建立科学合理的下肢运动损伤风险评估体系提供了实验基础和依据。

第一节　骨盆倾斜度

人体直立时，骨盆向前倾斜，骨盆两侧髂前上棘和耻骨结节处于一个冠状面上，尾尖和耻骨联合上缘则处于一个水平面上。骨盆上口平面与水平面之间约50°～55°的夹角称为骨盆倾斜度，女性倾斜度比男性稍大（可为60°）。

骨盆倾斜度过小，多见于驼背的患者，胸、腰椎后凸畸形，使下部脊柱发生明显的前凸以代偿，体重压力作用于骶骨，使骶骨向后移动，骨盆倾斜度减小，骶骨远侧端向前倾斜，其表面凹度丧失而变直。骨盆倾斜度过大也称骨盆前倾，临床多出现下交叉综合症，主要原因是由于长期不当的身体姿势，不合理的训练导致骨盆周围肌群比例失调。

现代康复医学专家朱尔（Jull）和杨达（Janda）认为肌肉平衡存在可预

测模式，这些失衡改变了运动模式，因此给关节系统增加持续的应力，它们可能是肌肉骨骼疼痛的决定性因素以及疼痛持续存在的主要原因。骨盆倾斜度异常往往会带来一系列腰部、下肢生物力学变化，导致腰与下肢损伤风险增大。现代康复医学认为骨盆前倾与以下肌肉失衡有关：①过分强壮缩短的肌群，即髂腰肌、竖脊肌腰部、梨状肌、股直肌、阔筋膜张肌、腰方肌、内收肌；②薄弱/被抑制的肌群，即臀大肌、臀中肌、臀小肌、腹肌。

肌肉失衡可带来以下异常生物力学改变：

● 竖脊肌短缩造成腰椎过度前凸。

● 薄弱/抑制的臀大肌和腹肌导致骨盆后旋力量不足，无法对抗强壮的髂腰肌。

● 过分强壮缩短的髂腰肌使股骨内旋、骨盆向前倾斜。

● 为代偿腰骶接合部高运动性所致的胸腰接合部张力增加。

● 梨状肌过度紧张缩短导致足外翻。

在我国橄榄球男、女运动员中，对照组和伤病组骨盆倾斜度之间差异均不具有显著性（P>0.05）。未发现骨盆前旋与下肢运动损伤之间的显著关联，这也许是由于运动员的骨盆前旋是对长期系统训练的适应性生理改变（表17）。

表17　对照组、伤病组运动员骨盆倾斜度对比

性别	伤病组	对照组	P值
女	20.4 ± 2.8	19.8 ± 3.1	0.526
男	18.8 ± 2.9	18.3 ± 3.0	0.623

有研究发现，在跑跳运动员中骨盆倾斜度显著大于普通人。骨盆前倾是一种比较常见的现象，并且成年运动员骨盆前倾大于少年运动员，训练是导致骨盆前旋的重要因素。从运动生物力学角度来看，髂腰肌是跑跳运动中的重要肌肉，多数运动员都具有非常强壮的髂腰肌，所以运动员骨盆前倾的力量很强。随着骨盆前倾，运动员臀大肌、股二头肌（长头）、半腱肌和半膜肌等大腿伸肌群的肌拉力角增大，其转动分力与力臂随之增大，使力矩增

大，有效地增加了跑跳运动时后蹬的力量。由此可见，在一定范围内骨盆倾角的增大，有利于后蹬动作时肌力的发挥。一般都认为随着骨盆倾角的增加，站立时必须增加腰椎前凸，长期腰椎前凸增加，体重重力垂线不经过椎间盘，而经过关节突关节，将引起肌肉骨骼损伤与疼痛，甚至退行改变。但也有研究发现，运动员骶骨倾角并非随着骨盆倾角的增大而增大，骨盆在一定范围内前旋并不一定伴随腰椎的前凸。

第二节　股骨前倾角

1954年比林（Billing）首先对股骨的几何结构及股骨颈前倾角（femoral neck anreversion，FNA）的定义进行了详细阐述。股骨的长轴由以下两点确定：一点为膝的中心，即在股骨髁的横切面上股骨干骺端的中心点；另一点为股骨颈基底部的中心，即在股骨颈基底部的横切面上股骨干的中心点；两点连线定义为股骨的长轴。股骨颈的轴线由以下两点确定：一点为股骨头的中心，另一点为股骨颈基底部的中心，两点连线定义为股骨颈的轴线。髁轴：平行于两股骨髁最后部两点的连线，且穿过膝部中心点的直线。前倾平面：由股骨的长轴和股骨颈轴这两条轴线所确定的平面。髁平面：股骨长轴与髁轴所确定的平面。前倾角就是前倾平面与髁平面所成的夹角。

股骨颈前倾角的测量有很多种方法，即临床测量法、解剖测量法、透视检查法、X线片法、CT测量法、MRI法。以下研究采用简单实用的临床测量法：受试者俯卧位，当测量右侧股骨颈的前倾角时，检查者站在病人的右侧，此时病人的膝关节屈曲90°，检查者的右手用于触摸病人的大转子，左手抓住病人的足来内旋病人的髋关节，直至触摸到大转子的最高点。转子隆突的最高点代表了大转子的最外侧位置，此时股骨颈平行于地面。用量角器测得胫骨与垂直线之间的夹角就是前倾角。正常情况下股骨颈前倾角为8°~30°，左腿大于右腿，一般相差1°~3°。根据股骨力线方向，前倾角的正常位置最适应于负重的需要。股骨前倾角为臀大肌、臀中肌提供一个在矢状面的杠杆臂，使作用在股骨颈上的力矩增大，这个增大的力矩使得臀大肌、臀中肌作用成倍地增加。力臂越长则需要越小的臀肌肌力以使身体直立在髋关节上。过度的前倾会限制髋关节的外展、外旋运动，造成髋关节内旋，影响髌骨正常位置与运动轨迹，增加髌骨与股骨面之间的压力，可以影响关节稳定性、肌肉功能、关节生物力学机制，严重者有造成脱位的可能。

以上研究结果显示，对照组与伤病组运动员股骨前倾角都不存在性别差异（P>0.05），所以将男女运动员合并在一起统计对照组与伤病组之间的差别。结果发现不论是左腿还是右腿，对照组与伤病组股骨前倾角之间差异不具显著性（P>0.05），未发现股骨前倾角与我国橄榄球运动员损伤之间存在显著的关联性（见表18、表19）。但伤病组和对照组运动员的左腿股骨前倾角值高于右腿，差异具有显著性（P=0.000，配对T检验）。

表18 对照组、伤病组运动员股骨前倾角对比

	伤病组	对照组	P 值（组间）
左	19.1 ± 5.9 [aa]	17.0 ± 5.6 [aa]	0.121
右	17.2 ± 5.8	15.3 ± 5.5	0.140
P 值（左右）	0.000	0.000	

注：aa，左右腿比较，P<0.01。

表19 患肢与健肢股骨前倾角比较

指标	患肢	健肢	P值
股骨前倾角	17.8 ± 5.9	18.0 ± 6.1	0.563

注：患侧与健肢比较，P<0.05。

第三节 Q角

从髂前上嵴到髌骨中点的连线为股四头肌力线，髌骨中点至胫骨结节最高点连线为髌韧带力线，两线所形成的夹角为Q角。中国人正常Q角为

$11° \sim 18°$，女性大于男性。

Q角随屈膝角度而变化，反映了股四头肌—髌韧带力线在骨骼髁间沟引导下的肌肉力线关系。如果女性大腿Q角大于$25°$，而男性大腿Q角大于$20°$则属于不正常的角度。一般每增加$5°$，髌股关节压力增加50%。研究发现，在正常生理Q角状态下，Q角的最大值发生于屈膝$15° \sim 20°$，此时髌骨尚未滑行进入股骨髁间内，最不稳定，一旦遭到侧方外力的撞击容易造成髌骨向外的脱位或半脱位。骨科临床和运动医学实践中，发现患者的髌骨脱位/半脱位常发生在膝关节微屈$15° \sim 30°$。从生物力学角度来看，Q角越大髌骨向外的运动分力就越大，越不稳定，容易导致髌骨外移和脱位。流行病学研究证实，约有50%髌骨软化症的患者Q角大于$20°$。

许多研究报道显示，女性膝和踝关节的损伤比例高于男性，认为是由于女性的骨盆较宽，Q角比男性大所致。有学者认为股四头肌最有效的拉力角为$10°$，Q角过大是一种病理性因素，Q角大容易引起下肢损伤，如髌骨软骨软化症及髌骨半脱位等。还有学者指出支撑相下肢作为一个闭合性动力链，各关节间是相互影响的。其中苏博特尼克（Subotnich）认为Q角大可使距下关节旋前、外翻增加，这也是下肢损伤的重要因素，两者相加共同增加了下肢损伤风险。陈世益等人报道中国男子排球运动员Q角大小与髌骨软骨病发病呈正相关，Q角大小既影响髌骨的稳定性，又影响髌股关节的触面应力，尤其是剪应力。

但也有研究报道并不支持女性损伤与Q角增大之间有关联。如克诺赛克（Kernozek）等人研究发现，在步行支撑相中，足跟旋前角与静态或动态Q角均无明显相关，这与苏博特尼克认为的"较大的Q角通常引起足跟较大的旋前"的观点不符。因此，有学者认为Q角的大小是否能用来预测下肢损伤风险还有待商榷。其次克诺塞克等人研究还发现骨盆宽度与静态Q角或动态Q角无相关性，这与荷顿（Horton）等人的看法一致，所以不能认为骨盆宽的女性一定更容易发生下肢损伤。

从理论上来说，Q角越大对髌骨向外侧的牵拉力越大，越容易导致髌股关节功能障碍。但在研究中，仅发现Q角存在显著的性别差异

（P<0.01），女运动员Q角大于男运动员；对照组与伤病组的Q角未见显著性差异（P>0.05）；左右腿之间Q角未见显著性差异（P>0.05）；患肢与健肢的Q角未见显著性差异（P>0.05）。研究结果未证实Q角与橄榄球运动员下肢运动损伤有显著关联（表20～表22）。

表20　对照组、伤病组女运动员Q角对比

	伤病组	对照组	P值（组间）
左腿	21.2 ± 2.8	21.4 ± 2.6	0.806
右腿	21.5 ± 2.8	20.4 ± 3.6	0.247
P值（左右腿）	0.326	0.056	

表21　对照组、伤病组男运动员Q角对比

	伤病组	对照组	P值（组间）
左腿	16.1 ± 1.7	15.7 ± 2.6	0.382
右腿	16.3 ± 1.9	15.6 ± 2.2	0.649
P值（左右腿）	0.251	0.637	

表22　患肢与健肢Q角比较

指标	患肢	健肢	P值
Q角	18.8 ± 3.2	19.0 ± 3.5	0.322

　　Q角并不是下肢损伤发病的独立因素，它是要通过对髌股关节生物力学的影响来产生作用。然而，髌股关节生物力学稳定性的影响因素很多，包括屈伸膝装置、支持带、肌力、股胫角和股胫间的锁扣（Screw-home）机制、Q角、髌骨位置、髁间槽发育程度、外力等，因此，进行两者相关关系的分析时容易受到其他因素影响而产生混杂偏倚。有关Q角与下肢损伤风险的相关性还有待进一步研究。

第四节 跟骨外翻角

跟骨外翻角为跟腱轴线以及跟骨轴线两线的夹角，主要反映后足外翻程度。正常人后足活动范围为：背屈23°，跖屈41°，内翻19°，外翻9°，内收17°，外展11°。跟骨外翻角过大，常伴随扁平足，X型腿、足过度旋前。从生物力学角度看，后足外翻过大会加大内侧足弓压力，恶化扁平足，影响步态。足外翻主要病因为先天性遗传及后天性肌肉乏力（如胫骨后肌功能不全、胫前肌紧张），韧带松弛（踝关节周围韧带损伤），肥胖等引起。

正常人足底静态压力分布是，站立时后足承载的压力较大，大多数人（82%）静态峰值足压位于足跟部位，其次为跖骨头区域，足趾承受压力较小。提示站立位大多数人足跟承受压力最大，步行时足底压力较站立时明显增加且压力分布改变，超过50%的正常人动态峰值足压位于第2跖骨头，而足跟区域出现动态峰值足压仅占16%，表明步行时足底最大压力前移，运动轨迹初始于足跟，沿着足外侧缘传递，止于足拇趾附近。足底压力曲线表现为具有2个峰和1个谷的双峰波形。

外翻足由于内侧足弓的塌陷，足的运动轨迹向外移位远离下肢负重力线，这一偏心位置会使足内侧和足趾位结构受到张力，同样它还会挤压外侧结构。长期足外翻会使肌肉与韧带等软组织发生挛缩，出现恶性跟骨外翻及跟骨外侧移位，距骨渐趋垂直位而引发平足畸形，距舟关节半脱位或脱位而呈现前足外展。继续进展，将继发骨骼发育畸形，并发距跟、距舟和跖趾关节骨性关节炎，最终完全丧失自然改善的潜能。此时，临床可见出现以距骨头过度突出为主的疼痛、鞋磨损、足底痛性胼胝体增生等临床表现，甚至完全丧失步行能力。

研究结果显示，对照组男女运动员跟骨外翻角没有显著性差异（女：左足，3.0±1.5，右足，3.3±1.4；男：左足，2.9±1.7，右足，3.5±2.1，P>0.05），伤病组男女运动员跟骨外翻角有显著性差异（女：左足，5.4±3.0，右足，6.6±3.6；男：左足，3.7±2.4，右足，4.2±2.5，P<0.05）。在女运动员中，伤病组右足跟骨外翻角高于对照组，差异具有高度显著性（P<0.01）；伤病组右足跟骨外翻角高于左足，差异具有显著

性（P<0.05）；在男运动员中，伤病组左足与右足跟骨外翻角均值虽然高于对照组，但差异均不具有显著性（P>0.05）。患侧肢体跟骨外翻角虽然大于健侧肢体，但差异不具有显著性（患肢，5.3±3.0；健肢，4.6±3.3，P>0.05）。结果提示在女运动员中，跟骨外翻角与下肢运动损伤之间存在一定关联；而男子运动员中关联性不明显（表23~表25）。

表23　对照组、伤病组女运动员跟骨外翻角对比

	伤病组	对照组	P值（组间）
左足	5.4±3.0	3.0±1.5	0.002
右足	6.6±3.6[**, a]	3.3±1.4	0.000
P值（左右）	0.040	0.604	

注：**，对照组与伤病组比较，P<0.01；a，左右腿比较，P<0.05。

表24　对照组、伤病组男运动员跟骨外翻角对比

	伤病组	对照组	P值（组间）
左足	3.7±2.4	2.9±1.7	0.333
右足	4.2±2.5	3.5±2.1	0.449
P值（左右）	0.268	0.410	

表25　患肢与健肢跟骨外翻角比较

指标	患肢	健肢	P值
跟骨外翻角	5.3±3.0	4.6±3.3	0.097

第五节　Fick角

Fick角是足底长轴与人体矢状面之间的夹角，评价站立时足外开角度，正常值为5°~18°。人在走路时之所以两脚尖向外撇，是因为下肢髋关节

外旋肌群紧张，而内旋肌群松弛所致。决定下肢旋外的肌群主要有臀中肌和臀小肌；决定下肢旋内的肌群有耻骨肌、长收肌、短收肌、大收肌和股薄肌等。由于下肢旋外肌群紧张，所以向前迈步时大腿抬不正，当然小腿自然旋外，带动脚落地时脚尖外撇，形成外八字脚。另外，髋臼与股骨头连接形成的髋关节的周围，包围着关节囊和许多固定髋关节的韧带，其中由于耻骨囊带和股骨头韧带松弛，也造成髋关节旋外。形成下肢旋外和两脚尖外撇主要是髋关节所致，与膝关节和踝关节无明显关系。

Fick角过大，也称"外八字"，是常见的畸形步态，不仅影响体型与健美，对人体健康也有很大影响，但人们对其危害往往认识不足。外八字的脚外翻破坏了膝关节正常力的分布，使关节一侧所受的生物应力增大，对侧相对减少，骨盆后倾，大腿外旋以及小腿外翻。随时间推移，还会引起膝关节行走时疼痛，关节活动也受影响，进而易导致骨性膝关节炎。

有研究发现"外八字"足与正常步态足相比，除第5跖骨、足弓、第2~5趾骨三区域的峰力值略小外，其他7个区域的峰力值均大于正常步态组。形成这一结果的原因可能是："外八字"行走会导致蹬伸时的推进力不是直线向前，而是斜向的，行走方向上的蹬地力较小，但又想达到较好向前的效果，只能增加蹬伸的力量，其结果必然引起足底峰力值的增大。此外，"外八字"步态各区域与正常步态对应区域相比，时间均高于正常步态。有研究表明，着地时间过长，会形成压力中心过于密集，若长期大负荷刺激易形成胼胝体。足底的不同分区具有不同的功能，每一分区的压力—时间积分，即冲量，反映了每个分区对总体速度的贡献率。冲量表示力在一定时间内对足底各区域连续作用所产生的积累效应，足底各区域冲量的大小受每个区域的压力值和接触时间两个因素的影响。"外八字"步态运动与正常步态运动双足各区域冲量分布情况相比，"外八字"步态足跟内、外侧等区域的冲量远大于正常步态。在地面反作用力作用于双脚的过程中，人类足部的基本作用是：承受身体质量、缓冲冲击力、吸收冲击力，并且产生人体向前移动的推进力及协调和维持人体在行走过程中的平衡。但"外八字"步态行走过程中足受力顺序不是沿足纵弓的方向，而是有一定的夹角，因此足弓不能起到减震的作用，冲量的增大也就增加了损伤的概率。

　　"外八字"脚对于速度有负面影响，主要体现在：①延长了跑的实际距离。由于外八字脚在跑进中的有效脚长要短于实际脚长，因而他实际跑的距离要长于正确跑的距离。一个轻度外八字脚者，如果脚长为23厘米，百米步数为67，完成百米跑要比正确跑多6.17厘米。一个严重外八字脚者就要多跑54.40厘米。②后蹬方向不正确，影响速度。正确的后蹬姿势，应当是脚尖、膝关节正对跑进方向，后蹬用力是通过前脚掌和大脚趾最后蹬离地面，因而后蹬反作用力的方向是朝正前方的。而外八字脚的后蹬方向却偏于左后方或右后方，因而后蹬反作用的方向就成了右前方或左前方，从而导致身体重心呈曲线前进，减少了有效步长，影响跑速。

　　研究发现对照组和伤病组的男、女fick角没有显著性差异，左右足fick角差异也不具显著性。但伤病组fick角大于对照组，左足差异具有显著性（$P<0.05$），右足差异具有高度显著性（$P<0.01$）。患肢fick角显著大于健肢（$P<0.05$）。结果提示fick角与下肢运动损伤之间存在关联性，过大的fick角可能会导致下肢损伤风险增高（见表26、表27）。

表26　对照组、伤病组运动员fick角对比

	伤病组	对照组	P值（组间）
左足	14.4±5.0*	11.7±3.7	0.015
右足	14.4±5.4**	11.7±3.4	0.007
P值（左右）	0.951	0.889	

注：*，对照组与伤病组比较，$P<0.05$；**，对照组与伤病组比较，$P<0.01$。

表27　患肢与健肢Fick角比较

指标	患肢	健肢	P值
Fick角	4.7±3.5*	3.9±3.8	0.032

注：*，患肢与健肢比较，$P<0.05$。

第六节　肌力

一、臀中肌

臀中肌位于髂骨翼外侧，其前2/3肌束呈三角形，后1/3肌束为羽翼状，在下端集中成短健止于大转子外面及其后上角，为主要的髋关节外展肌，并参与外旋及伸髋动作。站立时可稳定骨盆，从而稳定躯干，特别在步行中单足着地期尤为重要。日常生活中的躯干活动如弯腰、直立、行走、下蹲等，臀中肌都起到了很重要的作用，因而易产生劳损，尤其是突然改变体位时，更易损伤。

现代康复医学认为，很多运动员在跑动的过程中都会由于臀中肌功能性不足而引起下肢肌肉过度使用，臀中肌的力量与功能可能是高效跑动技术形成过程中非常重要的因素。臀中肌是深层肌肉，在跑动过程中主要起稳定作用。在脚触地的过程中，臀中肌可以缓冲骨盆向对侧下方运动的力量，防止髋部的过度摇晃，或防止所谓的特伦德伦堡步态（Trendelenburg gait）。臀中肌力量不足，可以导致结构性过度负荷，并引发动作补偿反应，各种补偿性动作都是运动员慢性损伤的重要因素，包括：趾长屈肌劳损后，沿胫骨出现疼痛，跟腱炎等。

研究结果提示臀中肌力量存在明显性别差异，左右腿之间无显著性差异。在对照组和伤病组中，女运动员臀中肌明显低于男运动员（P<0.05），而左右腿臀中肌差值和屈伸肌力量比值与男运动员差异不具显著性（P>0.05）。在女运动员中伤病组与对照组之间臀中肌力量、左右腿差值未见显著性差异（P>0.05）；在男运动员中，伤病组左、右臀中肌力量均小于对照组，差异具有显著性（P<0.05），左、右腿臀中肌力量之间未见显著性差异（P>0.05）。运动员患侧腿臀中肌力量（12.5±3.2千克）小于健侧（13.6±3.0千克），差异具有高度显著性（P<0.01）。结果提示臀中肌力量与我国橄榄球运动员下肢损伤风险之间存在显著性关联（见表28、表29）。

表28　伤病组与对照组女运动员臀中肌力量（千克）对比

指标	伤病组	对照组	P值（组间）
左	11.3 ± 2.2	9.8 ± 4.2	0.107
右	10.9 ± 2.7	10.2 ± 4.5	0.544
差值	1.9 ± 1.2	1.9 ± 1.2	0.942
P值（左右）	0.355	0.356	

表29　伤病组与对照组男运动员臀中肌力量（千克）对比

指标	伤病组	对照组	P值（组间）
左	13.8 ± 3.6	16.5 ± 2.3*	0.025
右	13.8 ± 4.2	16.6 ± 2.1*	0.042
差值	1.6 ± 1.2	1.4 ± 1.4	0.668
P值（左右）	0.825	0.877	

注：*，对照组与伤病组比较，$P < 0.05$。

二、膝关节力量

股四头肌起自髂前下棘股骨粗线，向下止于胫骨粗隆，它分别由股直肌、股内侧肌、股中间肌、股外侧肌组成，它是膝关节的伸肌。股四头肌主要是单关节肌，由于髌骨加大了与膝关节屈伸运动轴的垂直距离，其力矩远比屈膝肌大，所以杠杆作用强。股四头肌的作用有以下三个方面：①伸膝关节；②在膝关节屈曲时对抗重力，维持膝关节的稳定；③在膝关节活动过程中维持动态稳定。股内侧肌的附着位置较股外侧肌为低，其纤维方向斜度较大，因此，对稳定髌骨起重要作用。在膝关节伸直至最后10°～15°时，股内侧肌还能使胫骨外旋以增强膝关节的扣锁机制。作为膝关节功能稳定的重要组织结构，股四头肌可缓解运动对膝关节的冲击力，正常步态足趾着地时，股四头肌的收缩对着地冲击力起到缓冲作用，减轻了关节的负重和应力；强化股四头肌训练可改善其对膝关节负重状况的调控作用，增强膝关节步态的稳定性。

　　腘绳肌是大腿后侧的肌群，包括半腱肌、半膜肌、股二头肌长头、股二头肌短头，与强有力的股四头肌相对应。股二头肌长头，半腱肌，半膜肌起于坐骨结节，股二头肌短头起于股骨。股二头肌长头和短头止于胫骨外面于腓骨，半腱肌、半膜肌止于胫骨内侧面。腘绳肌主要功能就是屈膝和后伸髋关节，是维持膝关节稳定性，尤其是防止胫骨过度前向错动的重要动力性稳定结构。

　　现代康复医学认为膝关节屈肌和伸肌峰力矩比值（H/Q）是评价膝关节屈伸肌力平衡的重要指标，对判断膝关节稳定性有重要意义。屈伸肌比率失调（值偏小）会影响关节动作的实效性和协调性，又容易造成股后肌群和膝关节损伤。所以在膝关节康复过程中，除了肌力绝对值恢复外，屈伸肌比值的重建可能是康复及预防再受伤的重要指标。国外许多学者报导，膝关节屈 / 伸比值一般在慢速测试时（60°/秒）为60%～69%，中速测试时（180°/秒）为70%～79%，快速测试时（300°/秒）为80%～95%。H/Q 值具有一定的范围可能有以下两方面原因：首先从人类发育史角度来看，股四头肌在克服地心引力、承担肢体重量方面起着重要作用，因此，伸肌力量要大于屈肌力量；其次从膝关节稳定性角度来看，当膝关节伸直以及微屈时，体重作用于膝关节伸屈轴的后面，使膝关节趋向于进一步屈曲，此时便需要股四头肌的收缩来对抗此运动。

　　研究结果提示，在对照组和伤病组中膝关节屈肌伸肌力量存在明显性别差异（$P<0.05$），而左右腿屈伸肌及其比值之间无显著性差异（$P>0.05$）。在所有运动员中，对照组与伤病组之间屈伸膝力量未见显著性差异（$P>0.05$）；左、右腿伸膝力量之间未见显著性差异（$P>0.05$）。男运动员左右腿屈肌力量无显著性差异，对照组女运动员右腿屈膝力量显著大于左腿（$P<0.01$）。在女运动员中，伤病组左、右腿屈/伸肌力量比值均小于对照组，差异具有显著性（$P<0.05$），左、右腿屈/伸肌力量比值之间未见显著性差异（$P>0.05$）。在男运动员中，对照组与伤病组之间屈/伸肌力量比值未见显著性差异（$P>0.05$）；左、右腿屈/伸肌力量比值之间未见显著性差异（$P>0.05$）。患侧肢体屈膝力量、膝屈/伸比值均低于健侧肢体，差异具有显著性（$P<0.01$）。患肢与健肢之间伸膝力量无显著性差异

（P>0.05）。结果提示伤病运动员伸膝力量没有明显减弱，而是屈膝力量相对健侧较弱，从而导致屈伸肌力量比值降低，削弱了膝关节的稳定性，有可能增加下肢运动损伤的风险。所以屈伸肌比值和屈肌力量与下肢损伤风险存在显著性关联（表30～表36）。

表30　伤病组与对照组女运动员屈膝力量（千克）对比

	伤病组	对照组	P值（组间）
左	20.1 ± 3.0	19.7 ± 3.4	0.737
右	20.0 ± 2.8	20.8 ± 3.6[aa]	0.428
P值（左右）	0.900	0.001	

注：aa，左右腿比较，P<0.01。

表31　伤病组与对照组男运动员屈膝力量（千克）对比

	伤病组	对照组	P值（组间）
左	23.9 ± 3.2	24.6 ± 3.4	0.570
右	23.5 ± 3.3	25.0 ± 3.7	0.237
P值（左右）	0.442	0.304	

表32　伤病组与对照组女运动员伸膝力量（千克）对比

	伤病组	对照组	P值（组间）
左	33.1 ± 7.4	29.1 ± 5.7	0.082
右	32.5 ± 6.9	29.7 ± 5.0	0.185
P值（左右）	0.355	0.393	

表33　伤病组与对照组男运动员伸膝力量（千克）对比

	伤病组	对照组	P值（组间）
左	37.3 ± 5.5	38.4 ± 9.2	0.737
右	37.8 ± 5.5	39.3 ± 8.3	0.532
P值（左右）	0.401	0.580	

表34　伤病组与对照组女运动员屈/伸膝比值（%）对比

	伤病组	对照组	P值（组间）
左	62.1 ± 9.0	68.5 ± 8.8*	0.033
右	63.0 ± 9.0	70.6 ± 9.5*	0.014
P值（左右）	0.444	0.254	

注：*，对照组与伤病组比较，$P<0.05$。

表35　伤病组与对照组男运动员屈/伸膝比值（%）对比

	伤病组	对照组	P值（组间）
左	64.7 ± 8.6	65.8 ± 9.3	0.711
右	62.9 ± 9.5	64.9 ± 8.2	0.536
P值（左右）	0.261	0.697	

表36　患肢与健肢肌力指标比较

指标	患肢	健肢	P值
臀中肌	12.5 ± 3.2	13.6 ± 3.0**	0.000
屈膝	21.3 ± 3.5	22.2 ± 3.8**	0.009
伸膝	35.3 ± 6.8	34.7 ± 6.7	0.110
膝屈/伸	61.3 ± 9.2	65.0 ± 8.6**	0.000

注：**，患肢与健肢比较，$P<0.01$。

第七节　膝内翻

膝内翻（O型腿）指两下肢自然伸直或站立时，两足内踝能相碰而两膝不能并拢。这是一种较为常见的下肢畸形，除先天、营养不良等原因外，长期的不良姿势或不正确的运动方式导致的肌肉力学失衡也是重要病因之一。多数膝内翻的人运动时以腿外侧肌肉发力为主，内侧肌较少用力，往往造成外侧肌肉相对内侧肌肉更加强壮，内外侧肌肉比例失衡。成年人膝关节生理外翻角：男性为0°～10°，女性可达10°以上，膝关节的外翻角超过正常个体变异范围，即为病态。一般根据常态膝距和主动膝距两个指标，判断膝内翻的轻重程度。所谓常态膝距，指的是直立时两足踝部靠拢、双腿和膝关节放松时，双膝关节内侧的距离。主动膝距，指的是直立时两足踝部靠拢、腿部和膝关节向内用力并拢，双膝关节内侧的距离。根据常态膝距和主动膝距的大小，"膝内翻"分为Ⅰ度、Ⅱ度、Ⅲ度和Ⅳ度。

- 常态膝距在3厘米以下，主动膝距为0的属Ⅰ度。
- 常态膝距在3厘米以下，主动膝距大于0的属Ⅱ度。
- 常态膝距在3～5厘米之间的为Ⅲ度。
- 常态膝距大于5厘米的属Ⅳ度。

正常成人的胫骨从胫骨结节向远侧逐渐外旋至踝部，男性平均左侧外旋16.26°，右侧外旋16.42°，女性左侧外旋21.48°，右侧外旋22.26°，膝内翻患者的胫骨都有不同程度的内旋，严重者内旋在50°以上。但膝外翻患者也可发生胫骨内旋。

正常膝关节60%～75%的负荷通过膝关节内侧，25%～40%的负荷通过外侧。沃克（Walker）和埃尔克曼（Erkman）实验证明：胫-股关节的最高压应力在内侧位于软骨面，而在外侧则位于半月板。在内侧软骨面和半月板所承受的载荷相当，而在外侧载荷大部分由半月板承受。在膝关节正常负荷时，随膝关节内、外翻的角度加大，引起下肢机械轴线向内移，即膝关节中心相对向外移动，负荷则偏向于通过膝关节内侧，导致关节内部应力的重新分布：内翻时过多的负荷集中于膝关节内侧，在承重面积不变的情况下，应力的强度必然增加。内侧关节面超载荷的负重易导致关节软骨的破坏，关节间隙变窄，边缘变得尖锐，形成骨赘，继发膝关节骨性关节炎。膝内外侧韧带在正常时受的牵张力很小，膝内翻畸形后内侧副韧带松弛，而外侧副韧带所受的牵张力增加很多，长期如此可能会产生膝关节松弛不稳，进一步加重膝关节骨性关节炎。此外，随着膝内翻角度的逐渐增大，足掌的重压面区域出现一定的外移现象，压力强度呈现非线性上升的趋势。有研究认为，膝内翻10°～14°可能是内翻应力开始破坏的临界角度。

由于膝内翻未发现性别差异（P>0.05），所以男、女运动员可以合并在一起统计对照组与伤病组膝内翻比例。研究显示，对照组为53.6%，伤病组为50.9%，卡方检验未发现显著性差异（P>0.05）。研究结果未发现膝外翻与我国橄榄球运动员损伤之间的显著关联性（见表37）。

表37　伤病组与对照组膝内翻构成比对比

	否		是		合计
	例数	比例	例数	比例	
对照组	13	46.4%	15	53.6%	28
伤病组	28	49.1%	29	50.9%	57

第八节　Y平衡测试

Y平衡测试（Y Balance Test^{TM}）改良于星形平衡测试（Star Excursion Balance Test），主要用于测试动态情况下的身体平衡能力以及姿势控制能力。与星形平衡测试相比，Y平衡测试简洁、省时、省力、可靠性高（可信度为0.88~0.99）。Y平衡测试用下肢去"够"3个方向外一点距离的目标，在不违反测试规则和不考虑身高和腿长的情况下，距离越远，表示平衡、柔韧、力量、协调和本体感觉能力越好，对测试者下肢的平衡、柔韧以及控制要求较高。这项功能性测试主要意义在于发现与下肢病理性相关的包括健康人在内的功能障碍，可用于运动伤病预防性筛查、下肢康复与重返赛场评定等方面。最早由普利斯克（Plisky）等人于2006年提出，用于篮球运动员下肢损伤风险评估，现已经应用于很多项目。Y型测试结果显示：

- 两腿伸出差值>4厘米，损伤风险增加3倍。
- 女性综合值为同龄人均值的1/3，损伤风险增加6倍。
- 两腿伸出差值<4厘米，才可能重返运动场。
- 综合评分<94%时下肢损伤风险明显增加。

研究结果显示，对照组和伤病组女运动员的腿长以及向前、向后内、向后外伸出距离均显著小于男运动员（P<0.01），但综合值、左右腿伸出差值没有显著差异（P>0.05）。这可能与男运动员具有较高的身高、腿长有关。对照组和伤病组的Y测试结果阳性运动员比例也未发现显著性别差异（P>0.05）。卡方检验发现伤病组"Y"测试阳性构成比高于对照组，差异具有高度显著性（P<0.01）。伤病运动员患肢向各个方向伸出的距离以及综合指数均大于健侧，差异具有高度显著性（P<0.01），提示患肢平衡、柔韧、力量、协调和本体感觉能力明显较健肢差。由上述结果可以看出，Y平衡测试结果与我国橄榄球运动员下肢伤病有显著关联，可以用于该项目的下肢损伤风险评估（见表38、表39）。

表38　伤病组与对照组Y平衡测试阳性比例对比

	阴性		阳性		合计
	数量	比例	数量	比例	
对照组	10	40.0%	15	60.0%	25
伤病组	8	13.8%	50	86.2%	58

表39　患肢与健肢Y平衡测试指标比较

指标	患肢	健肢	P值
前	77.9 ± 6.2**	74.3 ± 6.3	0.000
后内	100.0 ± 7.2**	95.5 ± 6.2	0.000
后外	94.0 ± 6.5	90.4 ± 6.4**	0.000
综合%	101.5 ± 3.5**	97.2 ± 3.8	0.000

注：**，患肢与健肢比较，P<0.01。

第五章　我国英式橄榄球
运动损伤风险评估

运动损伤一直是阻碍竞技体育发展的重要障碍。伤病治疗和康复只是"亡羊补牢"，多数运动员伤后很难再次恢复到巅峰状态，甚至因伤过早退役。培养运动员，治疗运动伤病要花费大量人力、物力和资金，而运动员的运动生涯却因为伤病变得非常短暂，对社会和个人都造成了极大的浪费。所谓"上医治未病"，在运动伤病预防上的每前进一步，都会有效延长运动员的运动生涯，为国家节省大量资金和医疗资源，提高竞技体育投入资金的使用效率。所以目前国际上许多体育强国如美国、新西兰、加拿大、澳大利亚等都已注意到这点，将伤病风险控制和预防提到非常重要的位置，并予以大量资金支持，取得了非常好的效果。目前我国也认识到伤病风险控制与预防的重要性，在《国家体育总局中长期体育科学与技术研究指导纲要（2011—2020）》中指出伤病防治是运动训练实践共性的关键问题，并被列为提高竞技水平研究领域中的优先主题。

运动损伤风险评估是进行风险控制与预防工作的重要标尺，对于衡量预防工作成效、监控训练具有重要作用。运动损伤风险评估涉及众多因素（年龄、性别、种族、项目、运动史、受伤史、测试方法等），一直是运动医学中的重点和难点，也是前沿热点。美国在此领域的研究处于领先水平，目前已经建立多项目的运动损伤风险评估体系，并被广泛应用在健身、竞技体育、军队、消防等领域。而我国目前在该领域的研究刚刚出于起步阶段，还没有形成适合我国运动员的损伤风险评估体系。橄榄球是奥运会的新增项目，目前我国在亚洲处于领先水平，但损伤发生率很高，高水平运动员多数带伤。在一些重大比赛中，教练员经常面临人手紧缺、缺乏得力上场人选的情况，急需加强损伤风险控制与预防工作。因此，研究建立我国橄榄球运动损伤风险评估体系，对于控制、降低我国橄榄球运动损伤风险，备战奥运会，实现集体项目突破有着重要意义，同时也为其他运动项目和全民健身活动的损伤风险评估提供新研究思路与模板。相信该领域研究将有助于把我国竞技体育的伤病预防工作推上一个新台阶，实现科学监控管理个人/团体项目的损伤风险，提高竞技体育投入资金的使用效率，保障运动员健康，节约社会医疗资源。

第一节　我国橄榄球运动损伤风险调查

这是针对我国橄榄球运动员1年内的非撞击性损伤进行的系统跟踪调查，详细记录了损伤发生性质（撞击、非撞击）；损伤部位；诊断、停训天数等详细伤病信息。非撞击性损伤被定义为从头到脚的任何部位（包括过度使用或慢性病）并满足以下条件的损伤：①除直接冲撞以外的其他机制引起的；②需要医疗干预；③导致一天或多天不能参加与运动有关的活动。采用标准Y balance test Kit和FMS测试套件测试。所有测试者都经过1周的上肢和下肢Y平衡测试，以及FMS培训，统一测试方法，确保测试准确性和可靠性。

受试者来自我国国家橄榄球集训队，省市橄榄球队现役运动员。总计118名橄榄球运动员参加测试（见表40）。

表40　我国橄榄球运动员基本情况

	年龄（岁）	身高（厘米）	体重（公斤）
女	20.2 ± 2.8	171.1 ± 5.7	65.7 ± 6.5
男	21.1 ± 2.9	183.5 ± 5.2	85.1 ± 8.5
总体	20.4 ± 2.8	174.0 ± 7.6	70.3 ± 10.8

一、运动损伤

全体运动员中，非撞击损伤患病率为76.4%，发病率为188.7%。男运动员非撞击性损伤患病率为56%，发病率为208%。女运动员非撞击性损伤患病率为82.7%，发病率为182.7%（见表41）。

表41　我国橄榄球运动员非撞击损伤情况

	患病率	发病率
男	56%	208%
女	82.7%	182.7%
总体	76.4%	188.7%

全体运动员中，上肢与躯干非撞击损伤患病率为51.0%，发病率为72.5%。男运动员非撞击性损伤患病率为38.5%，发病率为84.6%。女运动员非撞击性损伤患病率为55.3%，发病率为68.4%（表42）。

表42　我国橄榄球运动员上肢与躯干非撞击损伤情况

	患病率	发病率
男	38.5%	84.6%
女	55.3%	68.4%
总体	51.0%	72.5%

全体运动员中，下肢与躯干非撞击损伤患病率为64.6%，发病率为154.0%。男运动员非撞击性损伤患病率为44.4%，发病率为174.1%。女运动员非撞击性损伤患病率为70.9%，发病率为147.7%（见表43）。

表43　我国橄榄球运动员下肢与躯干非撞击损伤情况

	患病率	发病率
男	44.4%	174.1%
女	70.9%	147.7%
总体	64.6%	154.0%

二、性别

118名参与损伤风险测试的运动员中，男运动员非撞击损伤患病率为56%，发病率为208%；女运动员非撞击损伤患病率为82.7%，发病率为182.7%（见表44）。

表44　我国橄榄球运动员性别与损伤风险

	男	女
患病率	56%	82.7%
发病率	208%	182.7%

三、运动损伤史

参与损伤风险测试的118名运动员中，60.5%的运动员有损伤史，非冲撞损伤比例为69.8%；59.7%的女运动员有损伤史，非冲撞损伤比例为62.6%；64.3%的男运动员有损伤史，非冲撞损伤比例为90.4%（见表45）。

表45　我国橄榄球运动员损伤既往史与非冲撞损伤发病情况

	总体	女	男
损伤史比例	60.5%	59.7%	64.3%
非冲撞损伤比例	69.8%	62.6%	90.4%

四、下肢Y平衡测试

1. 右下肢

男女运动员右下肢长度、向前伸出距离、后外伸出距离、后内伸出距离均有高度显著性差异（见表46）。

表46　我国橄榄球运动员右下肢Y平衡测试伸出距离（厘米）

	总体	女	男	P值
右腿长度	89.3 ± 4.7	87.9 ± 4.0**	94.2 ± 3.8**	0.000
前（右）	70.2 ± 17.6	67.1 ± 18.2**	79.9 ± 10.9**	0.001
后外（右）	108.5 ± 22.1	104.8 ± 23.9**	120.0 ± 7.2**	0.000
后内（右）	104.2 ± 21.5	100.9 ± 23.3**	114.4 ± 9.0**	0.001

注：**，性别比较，$P<0.01$。

2. 左下肢

男女运动员左下肢长度、向前伸出距离、后外伸出距离、后内伸出距离均有高度显著性差异（见表47）。

表47　我国橄榄球运动员左下肢Y平衡测试伸出距离（厘米）

	总体	女	男	P值
前（左）	79.9 ± 10.9	66.8 ± 17.3**	81.6 ± 8.7**	0.000
后外（左）	109.5 ± 16.3	106.5 ± 17.3**	119.1 ± 6.3**	0.003
后内（左）	107.5 ± 13.2	105.0 ± 13.50**	115.7 ± 8.1**	0.000

注：**，性别比较，$P<0.01$。

3. 左右差值

运动员整体下肢Y测试的向前方向左右差值平均为10.5厘米，其中女运动员为12.1厘米、男子运动员为5.2厘米，男女之间存在高度显著性差异（$P<0.01$）。运动员整体下肢后外左右差值为9.6厘米，女运动员为11.5厘米，男运动员下肢后外侧差平均值为3.5厘米，男女之间存在高度显著性差异（$P<0.01$）。运动员整体下肢后内侧左右差平均值为8.4厘米，男女之间无显著性差异（$P>0.05$）（见表48）。

表48　我国橄榄球运动员左右下肢伸出距离差值（厘米）

	总体	女	男	P值
前差	10.5 ± 18.9	12.1 ± 21.1**	5.2 ± 6.7**	0.008
后外差	9.6 ± 23.5	11.5 ± 26.7**	3.5 ± 2.4**	0.007
后内差	8.4 ± 20.1	9.8 ± 22.7	4.0 ± 4.9	0.188

注：**，性别比较，$P<0.01$。

4. 下肢综合值

运动员总体右下肢Y平衡测试综合值为105.7%，男女之间无显著性差异（$P>0.05$）。运动员总体左下肢Y平衡测试综合值为107.3%，其中女运动员为105.8%、男运动员为112.1%，男女之间有显著性差异（$P<0.05$）；运动员总体Y平衡测试下肢综合值差为9.1%，女运动员为10.9%，男运动员为3.6%，男女之间存在显著性差异（$P<0.01$）（见表49）。

表49　我国橄榄球运动员下肢综合值情况（%）

	总体	女	男	P值
下肢综合值（右）	105.7 ± 21.4	103.9 ± 23.9	111.4 ± 7.2	0.108
下肢综合值（左）	107.3 ± 13.8	105.8 ± 15.0**	112.1 ± 6.8**	0.034
下肢综合值差	9.1 ± 20.6	10.9 ± 23.7**	3.6 ± 3.3**	0.005

注：**，性别比较，$P<0.01$。

5. 最佳风险诊断分界值

（1）男子。我国男子橄榄球运动员下肢综合值差（%）曲线下面积的P值（sig.）小于0.05，有诊断意义，约登指数为0.550（灵敏度为0.750、特异性为0.800），对应最佳截断点为2.85%（见表50）。

表50　曲线下的面积[c]

检验结果变量	面积	标准误[a]	渐进 Sig.[b]	渐近 95% 置信区间	
				下限	上限
下肢前差（厘米）	.686	.103	.102	.484	.888
下肢后外差（厘米）	.378	.112	.283	.157	.598

（续表）

检验结果变量	面积	标准误[a]	渐进 Sig.[b]	渐近 95% 置信区间	
				下限	上限
下肢后内差（厘米）	.633	.116	.242	.406	.861
下肢综合值差%	.725	.114	.048	.502	.948
右下肢综合值%	.545	.134	.706	.282	.808
左下肢综合值%	.380	.118	.318	.148	.612

检验结果变量：下肢前差（厘米），下肢后外差（厘米），下肢后内差（厘米），下肢综合值差%。在正的和负的实际状态组之间至少有一个结。统计量可能会出现偏差。

a. 在非参数假设下

b. 零假设：实面积 = 0.5

c. 性别 = 男

（2）女子。下肢后外差（厘米）和左右下肢综合值%曲线下面积的P值（sig.）均大于0.05，无诊断意义。下肢前差（厘米）、下肢后内差（厘米）、下肢综合值差（%）曲线下面积的P值（sig.）小于0.05，有诊断意义。前差对应最佳截断点为5.25厘米，后内差对应最佳截断点为6.25厘米，综合值差对应最佳截断点为2.55%（见表51）。

表51　曲线下的面积[c]

检验结果变量	面积	标准误[a]	渐进 Sig.[b]	渐近 95% 置信区间	
				下限	上限
下肢前差（厘米）	.678	.058	.010	.564	.792
下肢后外差（厘米）	.557	.067	.411	.426	.688
下肢后内差（厘米）	.678	.058	.010	.565	.791
下肢综合值差%	.713	.058	.002	.598	.827
右下肢综合值%	.591	.069	.215	.456	.725
左下肢综合值%	.574	.065	.296	.447	.700

检验结果变量：下肢前差（厘米），下肢后外差（厘米），下肢后内差（厘米），下肢综合值差%。在正的和负的实际状态组之间至少有一个结。统计量可能会出现偏差。

a. 在非参数假设下

b. 零假设：实面积 = 0.5

c. 性别 = 女

五、FMS测试

1. FMS测试得分

如表52所示，运动员总体FMS测试总分平均值为14.3，其中女运动员为14.0，男运动员为15.1，男女之间无显著性差异（P>0.05）。运动员总体深蹲平均值为2.1，女运动员为2.0，男运动员为2.5，男运动员显著高于女运动员（P<0.01）；跨栏步、直线弓步、肩部灵活性、主动直膝抬腿、躯干稳定性俯卧撑、转动稳定性6项测试男女之间无显著性差异（P>0.05）。

表52 我国橄榄球运动员FMS测试得分情况

	总体	女（n=81）	男（n=25）	P值
深蹲	2.1 ± 0.7	2.0 ± 0.7**	2.5 ± 0.6**	0.004
跨栏步	2.0 ± 0.5	2.0 ± 0.5	2.2 ± 0.5	0.098
直线弓步	2.3 ± 0.7	2.3 ± 0.7	2.3 ± 05	0.657
肩部灵活性	1.8 ± 1.3	1.9 ± 1.3	1.7 ± 1.2	0.563
主动直膝抬腿	2.7 ± 0.5	2.7 ± 0.5	2.7 ± 0.5	0.887
躯干稳定性俯卧撑	1.7 ± 1.2	1.5 ± 1.2	2.0 ± 1.2	0.058
转动稳定性	1.6 ± 0.9	1.6 ± 0.9	1.7 ± 0.9	0.672
FMS总分	14.3 ± 3.0	14.0 ± 3.0	15.1 ± 2.7	0.095

2. FMS排除试验与测试痛

在FMS排除性试验或7项测试中，出现疼痛为阳性，无疼痛为阴性。如表53所示，总体运动员阳性占55.6%、阴性占44.4%，其中女运动员阳性占56.2%、阴性占43.8%；男运动员阳性占53.6%、阴性占46.4%。卡方检验男女之间无显著性差异（P>0.05）。

表53　我国橄榄球运动员FMS排除试验情况

	排除试验阳性		排除试验阴性	
	人数	比例	人数	比例
女	50	56.2%	39	43.8%
男	15	53.6%	13	46.4%
总体	65	55.6%	52	44.4%

FMS测试中，总体肩部撞击测试阳性人数为21人，其中上肢非撞击损伤的有16人、无上肢非撞击损伤的有5人；总体肩部撞击测试阴性人数为83人，其中上肢非撞击损伤的有7人、无上肢非撞击损伤的有76人（表54）。

表54　FMS肩部撞击测试与上肢非撞击性损伤风险

	阳性	阴性
患病人数	16	7
非患病人数	5	76

总体FMS脊柱伸展试验阳性人数为34人，其中有脊柱非撞击性损伤的患病人数为23人、无脊柱非撞击性损伤的有11人；总体FMS脊柱伸展试验阴性人数为82人，其中患有脊柱非撞击损伤的患病人数为12人、无脊柱非撞击损伤的有70人（表55）。

表55　FMS脊柱伸展与脊柱非撞击性损伤

	阳性	阴性
患病人数	23	12
非患病人数	11	70

总体FMS测试脊柱屈曲试验阳性人数为23人，其中患有脊柱非撞击性损伤的有15人，无脊柱非撞击性损伤的有8人（表56）。

表56　FMS脊柱屈曲与脊柱非撞击损伤

	阳性	阴性
患病人数	15	22
非患病人数	8	73

3. FMS不对称情况

运动员总体不对称人员占60.2%（71人）、对称占39.8%（47人）。女运动员不对称人员占58.9%（53人）、对称占41.1%（37人）；男运动员不对称人员为64.3%（18人）、对称占35.7%（10人）。卡方检验男女之间无显著性差异（P>0.05）（表57）。

表57　我国橄榄球运动员FMS不对称情况

	不对称		对称	
	人数	比例	人数	比例
女	53	58.9%	37	41.1%
男	18	64.3%	10	35.7%
总体	71	60.2%	47	39.8%

4. FMS总分的最佳风险诊断分界值

如表58所示，运动员整体及其男女的ROC曲线下面积（AUC）与AUC=0.5的假设具有显著性差异，分别为0.780（P=0.000）、0.877（P=0.001）、0.713（P=0.013）。ROC曲线图分析不同截断点判断非接触性损伤的敏感度（sensitivity）和1-特异性（1-specificity）以及约登指数见表59。运动员整体及其男女最大约登指数分别为0.479、0.623、0.478，对应FMS总分最佳截断点分别为：13.5、15.5、13.5。

表58　运动员整体及其男女FMS总分ROC曲线图的AUC计算结果

	AUC	P值*	渐近95%置信区间（95%CI）	
			下限	上限
男	0.877	0.001	0.744	1.000
女	0.713	0.013	0.595	0.830
整体	0.780	0.000	0.690	0.869

注：*，与AUC=0.5的假设比较。

表59　运动员整体及其男女不同FMS总分截断点判断非接触性损伤的结果

FMS 总分	女			男			总体		
	敏感度	1-特异性*	约登指数	敏感度	1-特异性*	约登指数	敏感度	1-特异性*	约登指数
2.0	1.000	1.000	0.000				1.000	1.000	0.000
3.5	1.000	0.985	0.015				1.000	0.988	0.012
5.5	1.000	0.970	0.030				1.000	0.975	0.025
7.5	1.000	0.955	0.045				1.000	0.963	0.037
8.0				1.000	1.000	0.000			
8.5	1.000	0.925	0.075				1.000	0.938	0.062
9.5	1.000	0.910	0.090	1.000	0.929	0.071	1.000	0.914	0.086
10.5	1.000	0.881	0.119	1.000	0.857	0.143	1.000	0.877	0.123
11.5	1.000	0.821	0.179				1.000	0.802	0.198
12.0				1.000	0.714	0.286			
12.5	1.000	0.657	0.343				1.000	0.667	0.333
13.5	0.929	0.478	0.451	1.000	0.500	0.500	0.960	0.481	0.479
14.5	0.714	0.388	0.326	0.909	0.357	0.552	0.800	0.383	0.417
15.5	0.500	0.299	0.201	0.909	0.286	0.623	0.680	0.296	0.384
16.5	0.214	0.209	0.005	0.727	0.214	0.513	0.440	0.210	0.230
17.5	0.214	0.045	0.170	0.364	0.000	0.364	0.280	0.037	0.243

（续表）

FMS 总分	女			男			总体		
	敏感度	1-特异性*	约登指数	敏感度	1-特异性*	约登指数	敏感度	1-特异性*	约登指数
18.5	0.000	0.030	-0.030	0.273	0.000	0.273	0.120	0.025	0.095
19.5	0.000	0.015	-0.015				0.000	0.012	-0.012
20.0				0.000	0.000	0.000			
21.0	0.000	0.000	0.000				0.000	.000	0.000

注：*，1-特异性=误判率。

第二节　我国橄榄球运动损伤风险评估模型与预测

运动损伤风险评估是进行风险控制与预防工作的重要标尺，对于衡量预防工作成效、监控训练具有重要作用，是运动医学中的重点、难点和前沿热点。国际最新研究已经将目光转向包含多风险因素的综合功能性测试，如：Y平衡测试（Y Balance Test，YBT）、功能性动作测试（Functional Movement screen，FMS）以及人口风险因素（如：损伤史、年龄、性别和运动等）。目前，美国运动损伤风险评估领域的研究处于领先水平，在大量综合功能性测试数据基础上，综合多种风险因素建立了一个可靠的运动损伤风险预测评估模型，已广泛应用到竞技体育、大众体育和特殊职业人群的运动损伤风险评估，对我国运动损伤风险评估工作有重要参考价值。然而，该模型数据基础是西方人群，要想准确评估我国人群的运动损伤风险，就必须重新建立相关测试评价标准、评估方程。要以我国橄榄球运动员为受试者，依据以往我国橄榄球研究大样本功能性测试建立的评价标准，采用多元逻辑回归的方法，筛选风险评估因子，建立我国橄榄球运动下肢与核心部位非接触性损伤风险回归方程，为我国橄榄球运动和其他项目的损伤风险科学评估提供科学依据和参考方法。

一、风险测试评价标准

测试者为体育科研工作者和康复系学生，都经过1周的FMS测试和YBT测试培训，确保测试准确性和可靠性。为避免疲劳影响，测试时间选在运动员休息日。

1. FMS测试

采用标准FMS测试套件测试，测试方法遵循国际通用的FMS测试标准工作程序。

阳性标准采用以往我国橄榄球FMS测试数据建立的评价标准：

（1）FMS总分：女<13.5；男<15.5。

（2）FMS不对称：五个双侧FMS测试中的任何一个右侧或左侧不对称。

（3）FMS测试痛：在FMS排除实验或其他7项测试中出现疼痛，包括敏感、灼烧、疼痛、干扰、放射、锐度或酸痛，或其他导致痛苦的感觉。

2. 下肢YBT测试

采用标准Y balance test Kit测试套件，测试方法遵循国际通用的FMS测试标准工作程序。

阳性标准采用以往我国橄榄球YBT测试数据建立的评价标准：

（1）男：综合值差值≥2.85%。

（2）女：前差≥5.25厘米，或后内差≥6.25厘米，或综合值差值≥2.55%。

二、风险评估指标的筛选

如表60所示，采用单因素Logistic回归方法筛选分析自变量X（运动损伤风险相关风险因子）与因变量Y（伤病：有=1，无=0）的关联性，以$P<0.10$作为运动损伤风险相关自变量（X）进入单因素Logistic回归方程的标准。结果发现性别、专项年限、运动损伤史、下肢Y测试、FMS总分、FMS测试痛6个自变量与因变量Y（有无伤病）有显著性关联（$P<0.10$）。

表60　单因素Logistic回归分析结果

自变量	Wals	df	P
性别*	6.025	1	0.014
年龄	2.923	1	0.087
专项年限*	6.400	1	0.011
场上位置	0.307	1	0.579
BMI	0.495	1	0.482
运动损伤史*	16.467	1	0.000
下肢Y测试*	21.352	1	0.000
FMS总分*	12.603	1	0.000
FMS测试痛*	22.462	1	0.000
FMS不对称	1.376	1	0.241

注：*为进入方程的自变量，进入标准为P<0.10。

三、 风险方程模型建立

根据单因素Logistic回归自变量筛选结果，选择6个自变量X（性别、专项年限、运动损伤史、下肢Y测试、FMS总分、FMS测试痛）进入多元Logistic回归方程。因自变量较少，所以采用进入法（enter）建立多元逻辑回归方程模型，相关变量及常数项相关信息详见表61。

表61　多元逻辑回归模型中的变量

变量	β	S.E	Wals	df	P	OR	OR 95% C.I. 下限	OR 95% C.I. 上限
性别（X_1）	−1.492	0.699	4.560	1	0.033	0.225	0.057	0.885
专项年限（X_2）	−0.013	0.202	0.004	1	0.950	0.987	0.664	1.468
运动损伤史（X_3）	2.188	0.662	10.908	1	0.001	8.913	2.434	32.644
下肢Y测试（X_4）	1.184	0.585	4.095	1	0.043	3.268	1.038	10.290
FMS总分（X_5）	0.118	0.79	0.022	1	0.881	1.125	0.239	5.294
FMS测试痛（X_6）	1.901	0.763	6.209	1	0.013	6.690	1.500	29.833
常量（β_0）	−1.639	0.761	4.641	1	0.051	0.194		

四、预测因子与损伤风险

运动损伤一直是经常困扰运动员和大众健身人群的严重问题，科学合理的运动损伤风险评估是解决该问题的关键环节。风险评估的前提是风险因素的识别。多年来研究表明，动作、技术、战术、体能、营养、疲劳、医疗、场地、比赛规则等众多因素都与运动损伤相关。然而，通过检测所有相关因素来评估运动损伤风险既不经济，也是不现实的。

一般导致运动损伤的因素可分为内因和外因。场地、设施、训练、医疗、营养、比赛规则、身体冲撞等属于外因，受社会、经济、地理等外界环境和条件的限制，个人很难改变。损伤史、疲劳、体能差、身体不对称、本体感觉、运动技术不正确等属内因，通过科学的训练指导有可能得到改善，降低运动个体损伤的风险。从这个角度出发，国际上开展了众多人体内因与运动损伤风险的研究。早期研究多采用T检验、卡方检验、单因素方差、ROC曲线等方法探讨单因子或几个因子组合与运动损伤发病率/患病率的关系，常用评价指标为比值比（OR）、相对风险（RR）等。例如，迄今为止已有超过25项研究证实运动损伤史是损伤风险的重要因素，有损伤史使个体运动损伤风险增高了2～29倍。近年来，国际上开始逐渐采用统计学概率的方法构建患病危险性与多种危险因素之间的关系模型，对风险进行分级、量化，确切地评估风险因子对损伤的独立作用的大小，常用方法有多元逻辑回归、多元线性回归、神经网络法分析等。此外，测试也从传统的力量、柔韧、活动度等单项测试转向包含多种潜在风险因素的综合功能性测试。目前研究已经确定FMS、YBT两个可靠的综合功能性测试与运动损伤风险有关。目前国际上运动损伤风险评估模型的典型代表是Move2Perform损伤风险评估算法，它以国际最新研究证据为基础，采集大样本损伤史、年龄、性别、运动项目和等级等人口学危险因素，利用FMS、YBT等测试结果，使用多元回归分析方法建立风险评估模型，对个人和团体的运动损伤风险进行评估，实现了对运动损伤风险科学化管理。国内的一项研究在我国橄榄球运动员功能性测试与伤病调查的基础上，筛选相关损伤风险因子，采用多元逻辑回归方法控制、调整其他因素的混杂和交互作用，建立了我国橄榄球运动非撞击性损伤风险回归模型。该模型对伤病预测准确性（89.7%）高于无伤病准确性（68.6%），预测值与观测值无显著性差异（P>0.05）。在该模型中，性别、下肢Y测试、运动损伤史、FMS测试痛与运动损伤存在显著关联（P<0.05），提示它们是我国橄榄球运动员下肢与躯干非撞击性运动损伤的重要危险预测因素。在校正了其他因素后，它们与损伤风险的关系如下：

- 女运动员下肢与躯干非撞击性运动损伤风险是男运动员的4.44倍。
- 有损伤史的运动员下肢与躯干非撞击性损伤风险是无损伤史运动员的8.913倍。
- 下肢Y测试阳性运动员下肢与躯干非撞击性损伤风险是阴性运动员的3.268倍。
- FMS测试痛阳性运动员下肢与躯干非撞击性损伤风险是阴性运动员的6.690倍。

五、损伤风险预测应用

多元逻辑回归建立了我国橄榄球运动员伤病情况（Y）与自变量（X）之间的线性关系。由此，将上述逻辑回归方程进行转换，并计算出相应运动员伤病的风险概率。如表62所示，我国橄榄球运动员总体非撞击性损伤风险预测概率为63%，其中，男性运动员为39%，女性运动员为71%。女性运动员非撞击性损伤风险预测概率显著高于男性运动员（P<0.01）。

表62　我国橄榄球运动员非撞击性损伤风险预测概率（％）

性别	均值±标准差
女**	71±28
男**	39±32
总体	63±32

注：**，性别比较，P<0.01。

风险管理通常按照风险因素发生的可能性，可以将风险概率划分为五个档次：很高（81%～100%）、较高（61%～80%）、中等（41%～60%）、较低（21%～40%）、很低（0～20%），如表63所示。

表63　风险概率划分等级

概率等级	发生可能性	符号表示
很高	81%～100%	S
较高	61%～80%	H
中等	41%～60%	M
较低	21%～40%	L
很低	0%～20%	N

如表64所示，我国橄榄球运动员总体非撞击性损伤风险预测概率主要分布在"很高"等级上，占53%，等级由高到低依次为：很高>很低>较低>中等>较高。卡方检验男女运动员非撞击性损伤风险预测概率主要分布存在显著差异（P<0.000）。女运动员非撞击性损伤风险预测概率主要分布在"很高"等级上，占63%，等级由高到低依次为：很高>很低>较低>较高>中等。男运动员非撞击性损伤风险预测概率主要分布在"很低"等级上，占32%，等级由高到低依次为：很低>较低>中等>很高>较高。

表64　我国橄榄球运动员非撞击性损伤风险预测概率等级分布

	很低	较低	中等	较高	很高
女	13%	11%	6%	7%	63%
男	32%	21%	21%	7%	18%
总体	18%	14%	9%	7%	53%

注：卡方检验性别比较：P=0.000。

综合上述预测结果，虽然我国橄榄球运动员非撞击性运动损伤预测概率为中等，但有53%的人在"很高"等级，这与我国橄榄球女运动员非撞击性运动损伤预测概率显著高于男运动员有关，尤其是与63%的女运动员处于损伤风险"很高"等级有关，这与我国橄榄球女运动员的高伤病率相符。

第三节　我国橄榄球运动损伤风险评估软件

为快速准确地监测运动损伤风险，根据我国橄榄球运动损伤风险评估标准和流行病学统计模型，编制成功相应的运动风险评估软件，希望能为橄榄球运动的科研人员和体能教练员提供一种有效的风险监控工具，减少运动损伤，维护运动员健康。

一、登录页面

登录网址：http://www.yundongshiliangyao.com：8080/glq/admin.jhtml（图85）。

 橄榄球运动员运动损伤风险评估

图85

二、注册页面

采用手机号注册，免费发送注册码，有效防止重复滥用注册，方便找回密码（图86）。

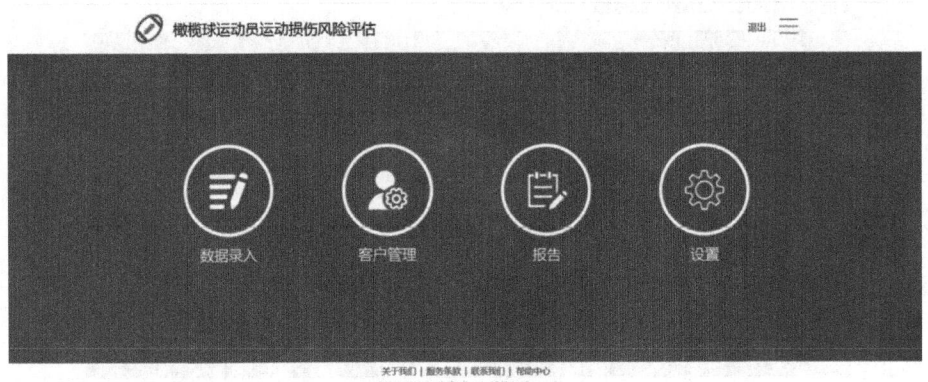

图86

三、主页面

主页面分为四大功能入口：数据录入、客户管理、报告、设置（图87）。

图87

1. 数据录入页面

数据录入分成4个部分（图88）：

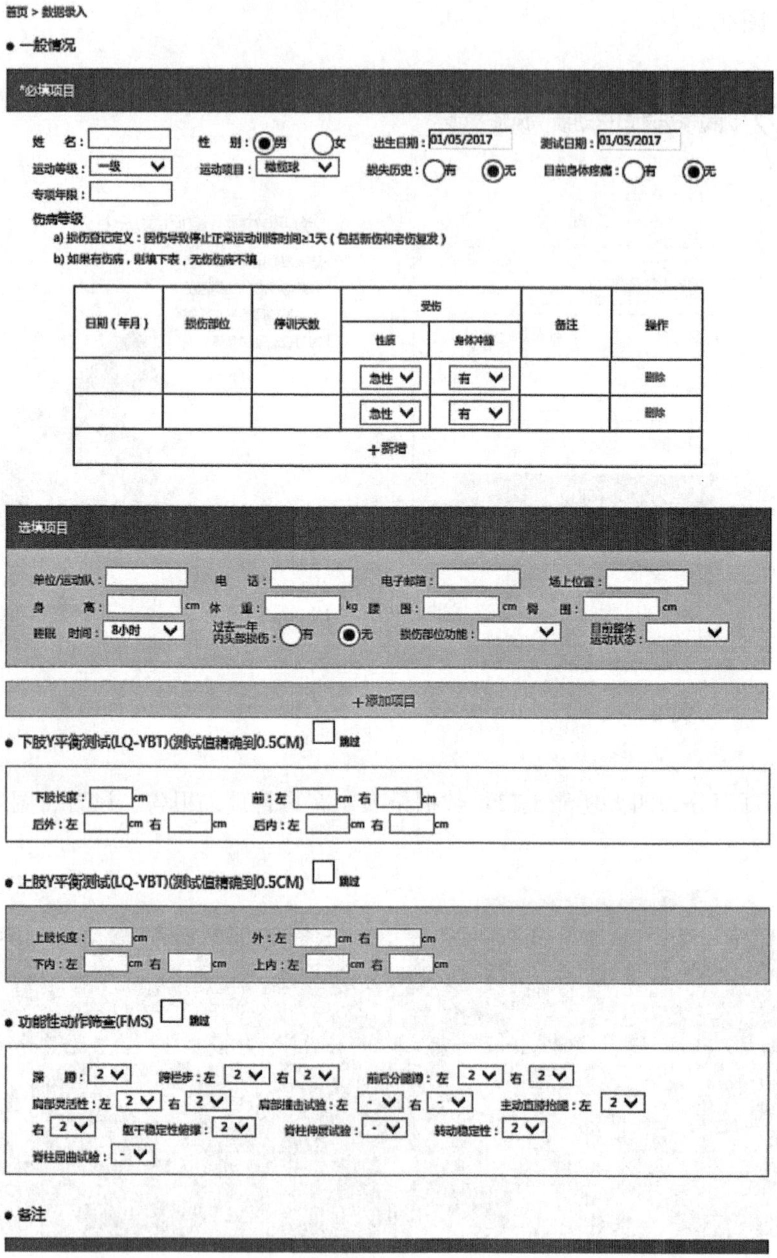

图88

（1）一般情况。主要包括：姓名、性别、出生日期、测试日期、单位/运动队、联系方式、运动等级（少年级、三级、二级、一级、运动健将、国际健将）、运动项目（橄榄球）、场上位置、身高（厘米）、体重（公斤）、睡眠时间（小时）、腰围（厘米）、臀围（厘米）、损伤史、过去1年内头部损伤、目前身体伤痛、损伤部位功能、目前整体运动状态。

伤病调查（1年内）

● 损伤登记定义：过去1年内损伤（包括新伤和老伤复发），因伤导致停止正常运动训练时间≥1天。

● 一年内损伤（有/无）

● 如果有伤病，则填下表，无伤病则不填。

损伤部位	停训天数	受伤性质	
		急性、慢性	身体冲撞、非冲撞

（2）下肢Y平衡测试（LQ-YBT）。

（3）上肢Y平衡测试（UQ-YBT）。

（4）功能性动作筛查（FMS）。

2. 客户信息管理页面（图89）

（1）搜索条目：包括姓名、起止日期、运动项目、单位/运动队。

（2）点击"编辑"可以重新修改所选择某个成员测试结果数据。

（3）点击"删除"可以删除所选择某个成员测试数据。

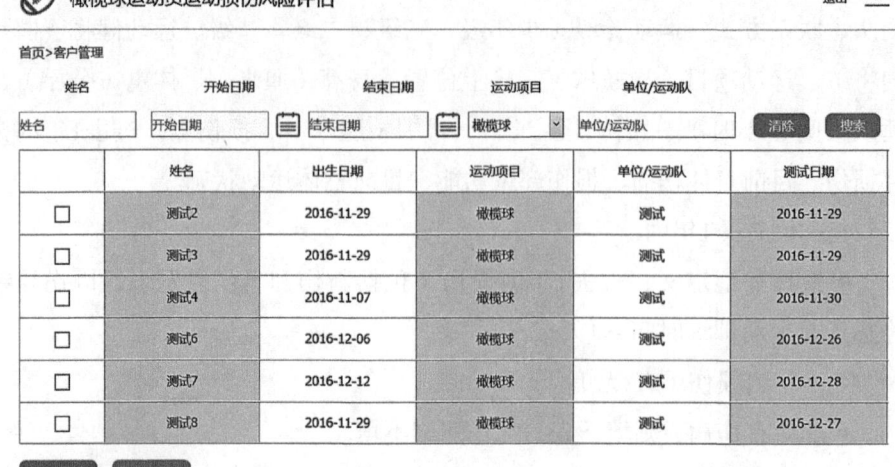

图89

3. 报告页面（图90）

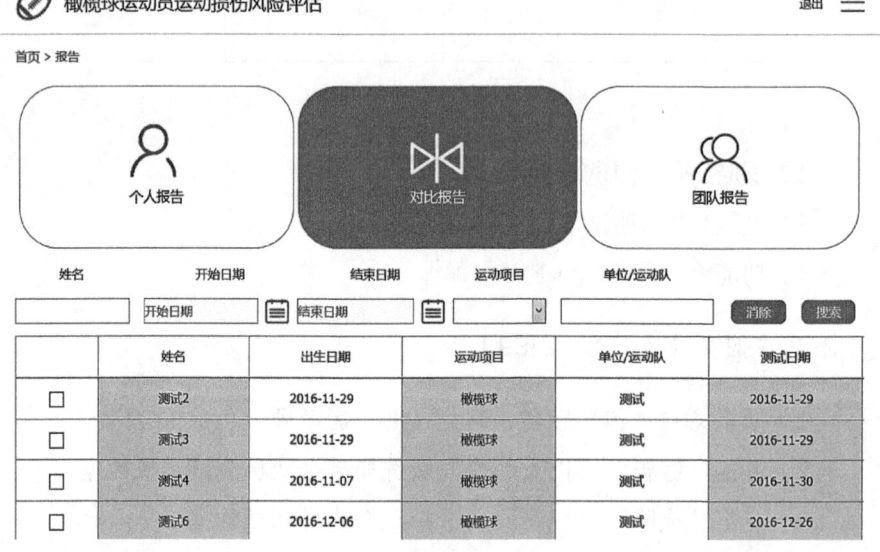

图90

（1）有3个搜索与报告生成选项，即个体报告、对比报告、团体报告，分别对应不同的界面。

（2）搜索条目包括：姓名、起止日期、运动项目、单位/运动队。

（3）个人报告：可以选择1个或多个客户，点击"报告"按钮生成个人报告。

（4）对比报告：可以选择同一客户不同时间的测试，点击"报告"按钮输出对比报告。

（5）团队报告：可以选择属于同一团队的多个客户，点击"报告"按钮输出团队整体测试结果报告。

4. 设置页面

在设置中可以填写测试单位，测试单位的图标，测试单位联系方式（电话、电子邮箱），并有修改密码功能（图91）。

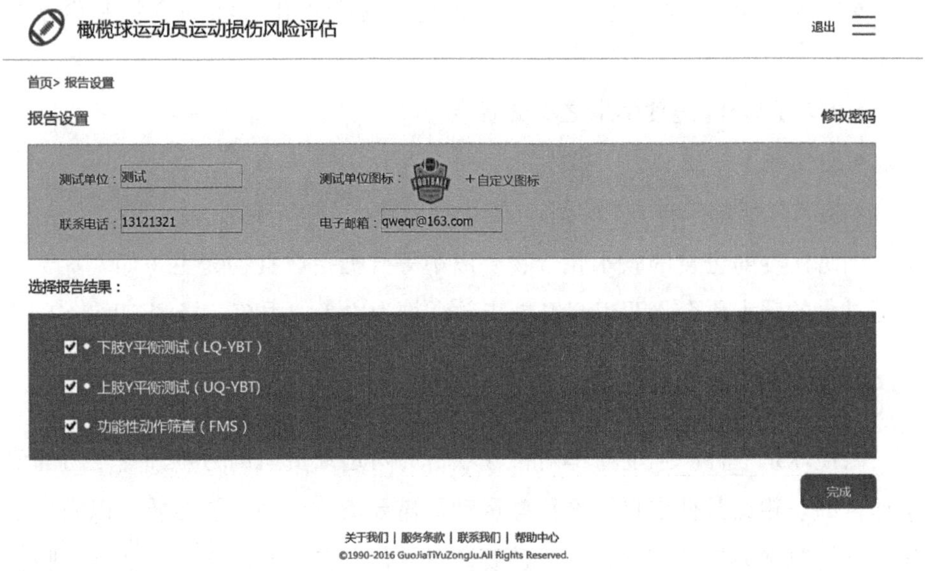

图91

附件1 营养指导原则

众所周知，合理膳食营养对于提高运动员在赛场上的表现极为重要，橄榄球运动员的营养膳食方案有着自己的特点，与其他项目不同。营养目的并不仅仅是满足日常训练比赛的能量需要。

同抗阻训练和速度训练的饮食一样，橄榄球运动员营养膳食方案也是根据训练计划的目的制订的，主要需要考虑以下几方面：

1. 供能

碳水化合物是橄榄球运动员最易获取利用的能量物质，赛前饮食中的热量应以碳水化合物为主，赛前饮食一般包括：

● 赛前3小时进食一顿主餐，主要是富含碳水化合物的食物和少量蛋白质。

● 赛前1.5小时进食苹果之类的餐点。

● 避免高蛋白质和脂肪摄入。

● 摄入足够的液体食物或水，防止身体缺水。

训练比赛前进食的碳水化合物要以中等升糖指数食物为主（如麦片），赛后进食的碳水化合物要以高升糖指数食物为主（如香蕉、蜂蜜三明治）。

2. 身体修复与强壮肌肉

橄榄球是一种高强度身体对抗性项目，对运动员肌肉力量和爆发力的要求非常高。相比其他项目，橄榄球运动员需要摄入更多的蛋白质，以满足增长或维持肌肉力量的需要，同时还要注意其他营养物质的摄入（如糖、脂肪等），维持身体能量代谢的正平衡。

有些运动员赛前过于紧张，以至于吃不下饭或吃得很少。他们应该挑选一些自己喜爱的食物，尽可能多地进食，多吃早餐，或者适当服用一些能量饮品。

3. 恢复

比赛后的30～40分钟内，应该迅速补充身体中损失的碳水化合物、水分和电解质（参考下面列出的餐点），同时也必须补充部分蛋白质。

赛后恢复餐点举例：

选择下列1～2项食物，每种食物都可以提供大约50克碳水化合物和10克蛋白质。

- 250～350毫升碳水化合物能量饮料+250毫升液体食物。
- 200～300毫升浓鲜果汁或冰激淋。
- 250毫升水果酸奶或1罐酸奶（350毫升）。
- 1杯酸奶（200毫升）+1个低脂能量棒。
- 1份三明治（夹有低脂奶酪/白干酪/瘦肉/鸡肉）+1份水果
- 1碗带有低脂或脱脂牛奶的麦片。
- 2小包饼干+250毫升低脂酸奶。

（翻译自：IRB Rugbyready）

附件2 应急预案指导原则

准备正确的应急预案是应对紧急意外事件的关键，而书面形式的紧急预案将有助于快速、准确、有秩序地展开各项紧急应对工作。

每个橄榄球俱乐部和相关单位都必须要有应急预案，这是应对各种潜在紧急意外事件的唯一正确方法。紧急意外事件可能发生在任何时间、地点，但也有一定规律可循。橄榄球运动中的紧急意外事件不仅仅是各种运动损伤，还有可能是心脏病、癫痫、中风等情况。

应急预案应该按部门制定各项应急工作，明确各部门人员的职责，主要包括以下几方面：

1. 场地组织者

规定紧急状态下工作人员与医护人员的进出通道。在指定地点存放比赛或训练场地上所有相关大门和房间的钥匙，以方便紧急工作人员的进出或运动员的撤离。明确实施紧急救护的地点，保证各种心肺复苏等抢救仪器功能正常，附近必须备有紧急状态下各相关应急单位与人员联系电话，如医院、报警、火警等单位的电话。

2. 医护人员

确保急救箱已装好应对训练比赛时各种常见运动意外的药品和器具，把急救箱放在随手可及的位置，熟悉医护通道与医疗设施，准备好运动员病历，方便紧急情况下查阅。

3. 内部联系人员

明确紧急状态下的内部联系人员，负责联系训练或比赛场地的各部门与相关人员，协助进行各项应急工作。内部联系人员可以是教练员、体育科研人员、组委会工作者、场地维修或管理者、老师、医生或护士等。

4. 对外联系人员

明确紧急状态下的对外联系人员，负责电话联系紧急医疗人员、警察、消防员和易燃易爆有毒物品处理工作组，以及医院、卫生局、供电公司、燃气公司等部门。分派紧急状态下各部门人员的工作，如：

- 指派有经验的医护人员进行护理。
- 指派相关人员控制旁观者和其他运动员。
- 指派相关人员接待紧急医疗人员。
- 指派专人运送受伤运动员。

5. 应急指挥者

熟知各种应急方案，清楚紧急情况下对外求助部门的联系方式，协调训练比赛场地各部门之间的应急工作，形成高效、通畅的应急指挥体系。确定专人负责接待受伤运动员的家属或监护人，专人负责接待媒体。

6. 事后评估

完成各项紧急应对工作文件（紧急意外事件报告），重新补充急救箱物品。组成一个小组评估应急预案的成效，听取各应急工作人员的报告。在危机发生前制定相关的应对措施与程序非常重要，一个完善、合理的应急预案有助于正确处理训练比赛中的各种紧急事件。

（引自：IRB Rugbyready）

附件3　Y平衡测试（Y Balance Test）

测试方法：

（1）下肢长度：让受试者脱鞋袜，仰卧在桌子上，双膝弯曲，双脚掌对齐平放在桌子上。让受试者将臀部抬离桌面，然后放下臀部，辅助受试者伸直双腿膝关节。用皮尺测量自髂前上棘至内踝下缘距离，精确到0.5厘米。

（2）受试者光脚站立，支撑腿最长脚趾放在中心踏板红色横线后方，另一腿向三个规定方向缓慢将指示块推至最远，然后回到起始位置，脚趾不可以踩到指示块上，练习3次/腿/测试方向。

（3）正式测试：

● 右腿向前方（anterior）尽力伸出3次，取最大值；换左腿重复3次。

● 右腿向后外（posteromedial）尽力伸出3次，取最大值；换左腿重复3次。

● 右腿向后内（posterolateral）尽力伸出3次，取最大值；换左腿重复3次。

● 数值精确到0.5厘米。

（4）发生以下情况时数据不可用：单腿站立时失去平衡；站立脚发生明显移动（脚后跟离地）；伸出脚落地；伸出脚踩到指示块；伸出脚未能回到初始位置。

（5）一个方向超过4次的测试失败，那么该腿这个方向的测试将计为0。

（6）综合值（%）=（前+后外+后内）/（3倍腿长）×100。

国外正常值：左右腿向前伸出差值≤4厘米；左右腿后外、后内伸出差值≤6厘米；综合评分>94%。

意义：反映左右腿力量与平衡能力。

注：正式测试前让受试者双腿各练习3次，练习过程中不应该穿着鞋子，手不能扶腿。

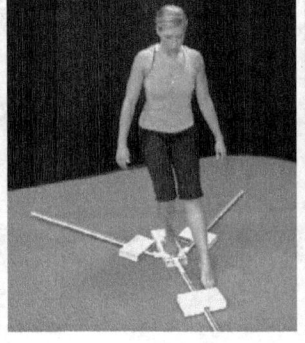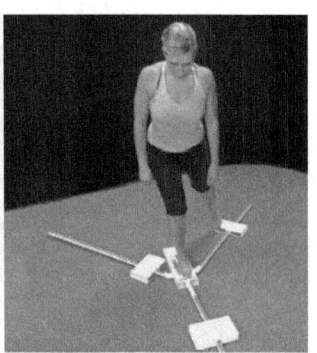

前方anterior　　　　后外posteromedial　　　　后内posterolateral

上肢Y平衡测试（YBT-UQ）

上肢Y平衡测试是对单侧肢体承受体重时利用自由上肢触摸能力的量化分析，来测试上部肢体和躯干的动态稳定性。在上肢Y平衡测试过程中，躯干和负重手臂稳定性，以及胸椎和伸够手臂的灵活性受到挑战。

测试要点：

（1）上肢长度测量：站立位，右上肢外展90°，皮尺测量从第七颈椎到手指最远端距离。

（2）将双手置于Y平衡测试平台上，保持俯撑姿势，双脚与肩同宽，支撑手拇指对准红色起始线（图a）。

（3）支持手保持身体平衡，自由手依次向外侧（Medial）、下内侧（Inferolateral）和上内侧（Superolateral）推出指示块至最远，然后回到起始位置，没有间歇（图b～图d）。自由手不可以放在指示块上，练习2次/手/方向。

（4）正式测试：休息后，单侧手重复做3次，取最大数值；换另一只手支撑，重复测试3次，取最大数值。

（5）综合评分（%）=（中+下内+上内）/（3倍上肢长）×100

注：正式测试前让受试者双手各练习2次。测试练习过程中不应该穿着鞋子。

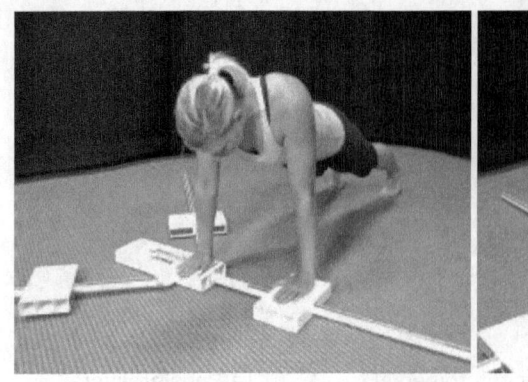
图a.起始姿势

图b.外侧

图c.下内侧

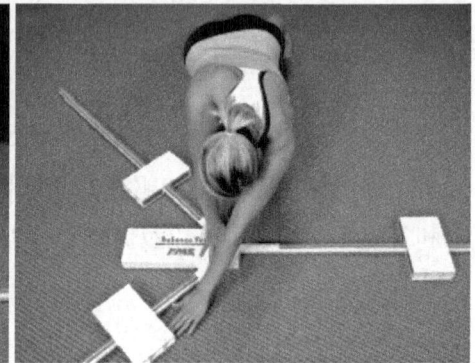
图d.上内侧

（引自：《Movement: Functional Movement Systems—Screening, Assessment, Corrective Strategies》Copyright©2010 Gray Cook）

附件4　FMS测试（Functional Movement Screen）

　　FMS是由Gray Cook等设计的一种功能评价方法，是一种革新性的动作模式质量评价系统，它简便易行，仅由7个动作构成，可以广泛用于各种人群的基础运动能力（灵活性和稳定性）评价。这种评价技术可以放大受测者动作补偿的问题，使之更易被发现。正是这些动作上的瑕疵会导致运动链出现问题，降低了受测者的动作效率，并增加了受伤风险。

　　FMS可作为身体检查的一部分，以确定传统医学检查很难发现的问题。在很多情况下，肌肉柔韧性和力量的不平衡性等问题是很难被发现的。这些问题——它是已经被公认为运动损伤的最大潜在因素——可以通过FMS测试得以确认。这种以动作为基础的测试，可以查明与本体感觉相关的、灵活性与稳定性等方面的功能性问题，可以帮助降低运动损伤风险，并提高运动能力。

测试要求：

　　（1）运动员/顾客需要具备完成基本动作的能力，并填写健康问卷。

　　（2）运动员/顾客服装不能妨碍运动，应便于运动，有利于测试者观察测试动作与代偿情况。

　　（3）运动员/顾客应穿正常舒适的运动鞋，也可以穿具有矫形功能的治疗鞋。

　　（4）测试前热身不是必须的，但几分钟的热身可能会让运动员/顾客感觉好些，容易接受。由于测试运动负荷不大，重点在于筛查动作缺陷，所以不宜进行大量的热身运动。

　　（5）测试目的是揭示动作缺陷和不平衡，所以尽量不给受试者动作提示。太多的提示会导致运动员/顾客修正动作，而不使用平时习惯性的动作。

1. 深蹲

所需器材：木杆

操作指导：

- 双脚内侧缘与肩同宽，脚尖向前，身体直立。
- 双臂侧平举，手心向前，屈肘90度，伸直双臂。
- 伸直双臂，杆位于头正上方。
- 保持躯干正直，固定双脚和双臂，下蹲到最低位置。
- 保持一会儿下蹲姿势，然后起身还原到原站立姿势。
- 询问受试者："您理解了吗？"

对动作评分。

如果必要，顾客可重复3次测试。

如果没有表得3分，在顾客双脚脚跟下放置5厘米高的"2×6"板，并重复以上动作。

3分	躯干与小腿平行或近似垂直地面； 大腿下蹲低于水平； 膝与足在一条垂直线上； 杆与地面平行，位于足正上方或更后。
2分	脚后跟垫高后，才能完成3分标准。
1分	脚后跟垫高后会出现以下情况： 躯干与胫骨不平行； 大腿高于水平； 膝与足不在一条垂直线上； 腰部向前屈曲。
0分	测试过程中出现疼痛，得0分，需要进行专业医学检查。

3分　2分　1分

2. 跨栏步

所需器材：木杆、栏架

操作指导：

● 双脚并拢，身体直立，足尖接触测试板。

● 调整栏架与胫骨粗隆中心位置同高（胫骨长度，由测试者操作）。

● 双手水平握杆，置于颈后，肩上。

● 保持身体正直，勾起右脚尖，缓慢抬右膝跨栏架，以脚后跟着地，恢复初始站立姿势，注意踝、膝和髋相互对齐。

然后询问受试者："您理解了吗？"

对运动动腿评分。

另一侧进行测试。

如果必要，顾客每侧可重复3次测试。

分数	评分标准
3分	髋、膝、踝在同一矢状面上；腰部没有明显移动；杆与地面（横栏）保持平行。
2分	髋、膝、踝不在同一矢状面上；腰部有明显移动；杆与地面（横栏）无法保持平行。
1分	足碰到横栏；身体明显失去平衡。
0分	测试过程中出现疼痛，得0分，需要进行专业医学检查。

3分　2分　1分

3. 前后分腿蹲

所需器材：木杆、"2×6"板。

操作指导：

● 将杆沿脊柱放置，与头后，上背部和臀部中间位置接触。
● 右手于颈后部，左手于腰后部，抓握木杆。
● 右脚跨上"2×6"板，胸尖在0刻度上。
● 左脚跨胸后跟应放置在___刻度（刻度=胫骨长度=胫骨粗隆中心高度）。
● 双足脚尖向前，全脚掌着地，保持在一条直线上。
● 上体正直，保持木杆与头、后背、臀部上部的接触，下降身体，使右膝在左脚跟后触碰测试板。
● 还原到初始位置。

询问受试者："您理解了吗？"

对动作评分，测试中位于前面的腿为评分侧。

在身体另一侧进行测试。

如果必要，顾客每侧可重复3次测试。

分值	评分标准
3分	保持身体与杆接触； 杆与地面垂直； 没有明显躯体晃动； 杆与足保持在一个矢状面内； 后膝在前足胸跟后触板。
2分	无法保持身体与杆的接触； 杆不垂直于地面； 躯干明显晃动； 杆与足不在一个矢状面内； 后膝不能前足胸跟后触板。
1分	明显失去平衡。
0分	测试过程中出现疼痛，得0分，需要进行专业医学检查。

3分　　2分　　1分

142

4. 肩部活动度

所需器材：测量尺。

操作指导：

- 测试者测量手长度：腕横纹到中指尖距离。
- 身体正直，双脚并拢，两臂自然下垂。
- 双手握拳，用四指包住拇指。
- 右拳经头沿脊柱尽量向下，左拳从下沿脊柱量向上。
- 完成动作，固定双拳位置。
- 询问受试者："您理解了吗？"

在测试中，上方上肢为评分侧；沿脊柱测量两拳间最短的距离，为动作评分；在身体另一侧重复测试。

肩部撞击测试

操作指导：

- 身体直立，双脚并拢，两臂自然下垂。
- 将您的右手掌置于左肩前部。
- 在保持右手掌位置的同时，尽可能高地提起右肘。
- 询问受试者："有没有疼痛？"。

在身体另一侧重复测试。

评分	标准	图示
3分	上下两拳间距离小于1手长。	3分
2分	上下两拳间距离大于1手长，而小于1.5倍手长。	2分
1分	上下两拳间距离大于1.5倍手长。	1分
0分	测试过程中出现疼痛，得0分，需要进行专业医学检查。	1分
阳性	疼痛，无论肩部灵活性测试结果如何，最终得分均为0。	
阴性	无痛。	

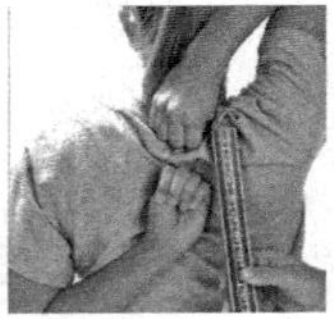

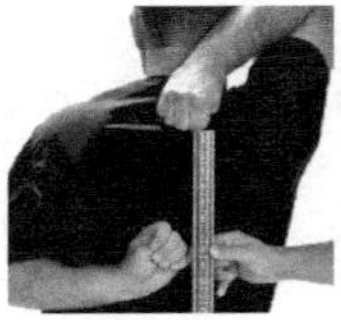

5. 主动直膝抬腿

所需器材：木杆、测量仪器、"2×6"板

操作指导：

● 身体仰卧平躺，双腿并拢，膝放在测试板上，脚尖向上。
● 双臂放在身体旁，掌心向上。
● 右膝与测试板保持接触，左腿伸直、勾脚尖，向上抬到最大程度。
● 询问受试者："您理解了吗？"

测试中，抬起腿为评分侧，为动作评分。在身体另一侧重复测试。

3分	踝关节垂直线在髂前上棘与大腿中点之间，不动腿保持中立位。
2分	踝关节垂直线在大腿中点与膝横纹之间，不动腿保持中立位。
1分	踝关节垂直线在膝横纹以下，不动腿保持中立位。
0分	测试过程中出现疼痛，得0分，需要进行专业医学检查。

3分

2分

1分

3分	双手大拇指与（男为前额，女为下颌）保持在一条直线上。从标准姿势开始，完成一次俯撑运动，躯干部位没有任何延迟。	脊椎伸展测试
2分	双手大拇指与（男为下颌，女为锁骨）保持在一条直线上。从标准姿势开始，完成一次俯撑运动，躯干部位没有任何延迟。	1分
1分	上下两拳间距离大于1.5倍手长。	
0分	双手大拇指与（男为下颌，女为锁骨）保持在一条直线上。身体不能作为一个整体从标准姿势开始，完成一次俯撑运动。	2分
阳性	疼痛，无论躯干稳定性俯撑结果如何，最终得分均为0。	
阴性	无痛。	3分

6. 躯干稳定性俯撑
操作指导：
● 俯卧。
● 双手与肩同宽，拇指分开，与____呈直线（男为前额，女为下颌）。
● 双腿并拢，勾脚尖，抬起双膝和双肘，绷直身体，双臂向上撑起身体。
● 询问受试者："您理解了吗？"

为动作评分。
如果必要，顾客可重复3次测试。
如果必要，调整手的位置到适宜位置（男为下颌，女为锁骨），重复指令。

脊柱伸展测试
操作指导：
● 俯卧，双手掌心向下，置于双肩下面。
● 下体不动，伸直双臂，尽可能将胸部推离地面。
● 询问受试者："您理解了吗？"
● 询问受试者："有没有疼痛？"

7. 转动稳定性

所需器材："2×6"板

操作指导：
- 双手、双膝着地，跪于测试板上方，双手位于肩下，双膝位于髋下。
- 双手张开、右手拇指、双膝，双脚尖向后同时伸展，脚尖勾起。
- 第一步：右手向前、右腿向后同时伸展，距地高度大于15cm。
- 第二步：收回手、右腿、肘、膝在测试板上方相碰。
- 第三步：再次伸展，然后还原到开始姿势。
- 整个动作中肢体不能落地，注意保持背部平直。
- 询问受试者："您理解了吗？"

伸出的上肢为评分侧，为动作评分；在身体另一侧重复测试。
如果必要，顾客每侧可重复3次测试。
如果必要，指导顾客执行对侧肢体测试动作，为动作评分。

3分	能完成同侧肢体同时上抬标准测试动作。
2分	能完成对侧肢体标准测试动作。
1分	不能完成对侧肢体标准测试动作。
0分	测试过程中出现疼痛，得0分，需要进行专业医学检查。

1分　2分　3分

脊柱屈曲测试

操作指导：
- 四肢触地，臀部向双脚跟靠拢，降低胸部，并使之贴近双膝，双手在体前尽可能地前伸。
- 询问受试者："您理解了吗？"
- 询问受试者："有没有疼痛？"

阳性	疼痛，无论转动稳定性结果如何，最终得分均为0。
阴性	无痛。

翻译自：《Movement: Functional Movement Systems—Screening, Assessment, Corrective Strategies》Copyright ©2010 Gray Cook

参 考 文 献

[1] Abernethy L. Bleakley C. Strategies to prevent injury in adolescent sport: a systematic review. Br J Sports Med. 2007, 41: 627-638.

[2] Appel, B M. The Capability of the Functional Movement Screen to Predict Injury in Division I Male and Female Track and Field Athletes. Utah State University: Logan. 2012. http://digitalcommons.usu.edu/gradreports/174.

[3] Bahr R, Lian O, Bahr I A. A two fold reduction in the incidence of acute ankle sprains in volleyball after the introduction of an injury prevention programme. A prospective cohort study. Scand J Med Sci Sports. 1997, 7: 172-7.

[4] Bathgate A, Best J, Craig G, Jamieson M, Wiley J. A prospective study on injuries to elite Australian rugby union players. Br J Sports Med. 2002, 36 (4): 265-269.

[5] Bavornrit C P, James A N, Nathan A M.The effect of foot type on in-shoe plantarpressure during walking and running. Gait & Posture, 2008, 28: 405-411.

[6] Bennell K L, Crossley K. Musculoskeletal injuries in track and field: incidence, distribution and risk factors. Australian Journal of Science & Medicine in Sport, 1996, 28 (3): 69-75.

[7] Bird Y E, Waller S, Marshall S W, Alsop Chalmers D J, Gerrard D F. The New Zealand Rugby Injury and Performance Project V. Epidemiology of a season of rugby injury. Br J Sports Med. 1998, 32: 319-325.

[8] Bottini E, Poggi E J, Luzuriagi Secin F P. Incidence and nature the most common injuries sustained in Argentina 1991—1997. Br J Sports Med. 2000, 34: 94-97.

[9] Brown, Matthew T. The Ability of the Functional Movement Screen in

Predicting Injury Rates in Division I Female Athletes. Electronic Thesis or Dissertation. University of Toledo, 2011. https: //etd.ohiolink.edu/.

[10] Butler R J, Contreras M, Burton L C, Plisky P J, Goode A, Kiesel K B. Modifiable risk factors predict injuries in firefighters during training academies. Work 2013, doi: 10.3233/WOR-121545.

[11] Butler R J, Plisky P J, Southers C, et al. Biomechanical analysis of the different classifications of the Functional Movement Screen deep squat test. Sports Biomech. 2010, 9: 270-279.

[12] Caraffa A, Cerulli G, Projetti M. Prevention of anterior cruciate ligaments injuries in soccer. A prospective controlled study of proprioceptive training. Knee Surg Sports Traumatol Arthrosc. 1996, 4 (19): 19-21.

[13] Chaiwanichsiri D, Lorprayoon E, Noomanoch L. Star excursion balance training: effects on ankle functional stability after ankle sprain. J Med Assoc Thai, 2005, 88 Suppl 4: S90-94.

[14] CHAPEL J D, LIMPISVASTI ORR. Effect of a Neuromuscular Training Program on the Kinetics and Kinematics of Jumping Tasks. Am J Sports Med. 2008, 36: 1081-1086.

[15] Chorba RS, Chorba, D J, Bouillon, L E, et al. Use of a functional movement screening tool to determine injury risk in female collegiate athletes. North American Journal of Sports Physical Therapy. 2010, 5 (2): 47-54.

[16] Collins C L, Lyle M A, Micheli M D, Yard MPH, COMSTOCK D. Incidence and characteristics of injuries among US high school rugby players. Arch Pediatr Adoesc Med. 2008, 162 (1): 49-54.

[17] Cook G, Burton L, Hoogenboom B. Pre-participation screening: the use of fundamental movements as an assessment of function - part 2. N Am J Sports Phys Ther 2006b, 1 (3): 132-139.

[18] Cote KP, Brunet ME, Gansneder BM, Shultz S J. Effects of Pronated and Supinated Foot Postures on Static and Dynamic Postural Stability. J Athl Train, 2005, 40 (1): 41-46.

［19］Dallalana RJ, Brooks JHM, Kemp SPT, Williams AM. The Epidemiology of Knee Injuries in English Professional Rugby Union. American Journal of Sports Medicine, 2007, 35（5）: 818–830.

［20］Dvorak J, Junge A, Chomiak J, et al. Risk factor analysis for injuries in football players Am J Sports Med. 2000, 28: S69–S74.

［21］Earl JE, Hertel J. Lower–extremity muscle activation during the Star Excursion Balance Tests. J Sport Rehabil. 2001; 10: 93–104.

［22］Ekstrand J, Gillquist J. Prevention of sports injuries in volleyball players. In J Sports Med. 1984, 5: 140–145.

［23］Ellison. Distal iliotibial–bland transfer for anterolateral rotatory instabity of the knee. JBone Joint Surg（Am）, 1979, 61: 331.

［24］English T, Howe K. The effect of Pilates exercise on trunk and postural stability and throwing velocity in college baseball pitchers: single subject design. NAJSPT. 2007; 2（1）: 8–19.

［25］Frohm A, Heijne A, Kowalski J, et al. A nine–test screening battery for athletes: a reliability study. Scand J Med Sci Sports. 2012, 22（3）: 306–315.

［26］Gabbett T J, Incidence, site and nature of injuries in amateur rugby league over three consecutive seasons. Br J Sports Med. 2000, 34: 98–103.

［27］Garraway M, Macleod D. Epidemiology of rugby football injuries. Lancet. 1995, 345: 1485–1487.

［28］Garraway W M, Lee A J, Hutton S J, Russel E, Impact of professionalism on in injuries in Rugby union. Br J Sports Med 2000, 34: 348–51.

［29］Gerrard D F, Waller A E, Bird Y N. The New Zealand Rugby Injury and Performance Project II. Previous injury experience of a rugby playing cohort. Br J Sports Med. 1994, 28: 229–33.

［30］Gissane C, Jennings D C, Standing P. Incidence of rugby league injuries in rugby league football. Physiotherapy. 1993, 79: 305–310.

［31］Gray GW.Lower Extremity Functional Profile. Adrian, MI: Wynn Marketing, Inc, 1995.

［32］Gribble P. A., Hertel J., Denegar C. R., Buckley W. E. The Effects of Fatigue and Chronic Ankle Instability on Dynamic Postural Control. J Athl Train, 2004, 39（4）: 321–329.

［33］Hale SA, Hertel J, Olmsted–Kramer LC. The effect of a 4–week comprehensive rehabilitation program on postural control and lower extremity function in individuals with chronic ankle instability. J Orthop Sports Phys Ther, 2007, 37（6）: 303–311.

［34］Hertel J, Miller SJ, Denegar CR. Intratester and intertester reliability during the Star Excursion Balance Tests. J Sport Rehabil, 2000, 9: 104–116.

［35］Hewett T, Myer G, Ford K. Anterior cruciate ligament injuries in female athletes. Part 1, Mechanisms and risk factors. Amer J Sports Med, 2006, 34: 299–311.

［36］Hewett TE, Lindenfeld TN, Riccobene JV, Noyes FR. The effect of neuromuscular training on the incidence of knee injury in the female athlete. A prospective study. Am J Sports Med 1999, 27: 699–706.

［37］Hewett TE, Strouppe AL, Nance TA, Noyes FR. Plyometric training in females. Decreased impact forces and increased hamstring torques. Am J Sports Med. 1996, 24: 765–73.

［38］Holm I, Fosdahl MA, Friis A, Risberg MA, Mylebust G, Steen H. Effect of neuromuscular training on proprioception, balance, muscle strength and lower limb function in the female team handball players. Clin J Sports Med 2004, 14: 88–94.

［39］Holtzhausen L, Schwellnus M, Jakoet I. Pretorius AL. The incidence and nature of injuries in South African Rugby Players in the Super 12. SAMJ. 2006, 96（12）: 1260–1265.

［40］http: //www.irbugbyready.com/.

［41］http: //www.rfu.com/.

［42］http：//www.rugby.com.au/.

［43］Hubbard T. J., Kramer L. C., Denegar C. R., Hertel J. Contributing factors to chronic ankle instability. Foot Ankle Int. Mar 2007；28（3）：343-354.

［44］Huo HF, Wu YX, Fu LM, et al. Zhongguo Kangfu Yixue Zazhi. 2009；24（9）：841-843.

［45］Jakoet I, Noakes TD. A high rate of injury during the 1995 Rugby World Cup. S Afr Med J. 1998, Jan：88（1）：45-47.

［46］Junge A, Rosch D, Peterson L, Graf Baumann T, Dvorak J. Prevention of soccer injuries a prospective intervention study. Am J Sports Med. 2002, 30：652-659.

［47］Kernozek TW, Greer NL. Quadriceps angle and rearfoot motion：relationships in walking. Arch Phys Med Rehabil. 1993；74：407-410.

［48］Kiesel K, Plisky, P.J., et al. Can Serious Injury in Professional Football Be Predicted by a Preseason Functional Movement Screen. North American Journal of Sports Physical Therapy. 2007, 2（3）：147-158.

［49］Kinzey SJ, Armstrong CW. The reliability of the star-excursion test in assessing dynamic balance. J Orthop Sports Phys Ther, 1998, 27（5）：356-360.

［50］Kun BP, Hui WP, Ki SL, et al. Changes in Dynamic Foot Pressure After SurgicalTreatment of Valgus Deformity of the Hindfoot in Cerebral Palsy. J Bone JointSurg Am. 2008, 90：1712-1721.

［51］Lanning C. L., Uhl T. L., Ingram C. L., Mattacola C. G., English T., Newsom S. Baseline values of trunk endurance and hip strength in collegiate athletes. J Athl Train. Oct-Nov 2006；41（4）：427-434.

［52］Lee A, Garraway W, Hepburn W, Laidlaw R. Influence of rugby injuries on players subsequent health and lifestyle：beginning a long term follow up. Br J Sports Med. 2001, 35（1）：38-42.

［53］Lee AJ, Garraway WM. Epidemiological comparison of injuries in school and senior club rugby. Br J Sports Med. 1996, 30［3］. 213-217.

［54］Lee AJ, Garrawy WM, Arneil DW. Influence of preseason training, fitness and existing injury on subsequent rugby injury. Br J Sports Med. 2001, 35: 412-419.

［55］Lehr ME, Plisky PJ, Butler RJ et al. Field-expedient screening and injury risk algorithm categories as predictors of noncontact lower extremity injury ［J］. Scand J Med Sci Sports. 2013, 23（4）: e225-232.

［56］Letafatkar A, Hadadnezhad M, Shojaedin S, et al. Relationship between functional movement screening score and history of injury. International Journal of Sports Physical Therapy, 2014, 9（1）: 21-27.

［57］Lisman P, O'Conner FG, Deuster PA, Knapik JJ. Functional Movement Screen and aerobic fitness predict injuries in military training. Med Sci Sports Exerc 2012: doi: 10.1249/MSS.0b013e31827a1c4c.

［58］Mandlebaum BR, Silvers HJ, Wantanabe DS, Thomas SD, Griffin LY, Kirkendall DT, Garret W. Effectiveness of a neuromuscular and proprioceptive training programme in preventing anterior cruciate ligament injuries in female athletes: 2 year follow up. Am J Sports Med. 2005, 33（7）: 1003-1010.

［59］Meyer GD, Ford, KR, Hewett TE. Differential neuromuscular training effects on ACL injury risk factors in "high-risk" versus "low-risk" athletes. BMC Musculoskelel Disord. 2007, 8（8）: 39.

［60］Minick KI, Kiesel KB, Burton L, et al. Interrater reliability of the functional movement screen. Journal of strength and conditioning research / National Strength & Conditioning Association. 2010, 24（2）: 479-486.

［61］Murphy SB, Simon SR, Kijewski PK, et al. Femoral anteversion. J Bone Joint Surg, 1987, 69A: 1169-1176.

［62］Napolitano C, Walsh S, Mahoney L, McCrea J. Risk factors that may adverselymodify the natural history of the pediatric pronated foot. Clin Podiatr Med Surg, 2000, 17: 397-417.

［63］O'Connor FG, Deuster PA, Davis J, et al. Functional movement screening: predicting injuries in officer candidates. Med Sci Sports Exerc.

2011, 43（12）: 2224-2230.

［64］ Olmsted LC, Carcia CR, Hertel J, Shultz S. Efficacy of the Star Excursion Balance Tests in detecting reach deficits in subjects with chronic ankle instability. J Athl Train. 2002; 37（4）: 501-506.

［65］ Olsen OE, Mykelbust G, Engebretsen L, Holme I, Bahr R. Exercises to prevent lower limb injuries in youth sports: a cluster randomised control trial. Br Med J. 2005, 330: 449.

［66］ Onate JA, Dewey T, Kollock RO, et al. Real-time intersession and interrater reliability of the functional movement screen. J Strength Cond Res. 2012, 26（2）: 408-415.

［67］ Orchard J, Alcott e, Carter S, Farhart P. Injuries in Australian cricket at first class level. 1995/1996 to 2000/2001. Br J Sports Med. 2002, 36: 270-275.

［68］ Phil Page, Clare C. Frank, Robert Lardner. Assessment and Treatment of Muscle Imbalance: The Janda Approach. 2009.

［69］ Plisky PJ, Rauh MJ, Kaminski TW, et al. Star Excursion Balance Test as a predictor of lower extremity injury in high school basketball players. J Orthop Sports Phys Therapy, 2006, 36（12）: 911-919.

［70］ Powell JW, Barber-Foss KD. Sex-related injury patterns among selected high school sports. The American journal of sports medicine. 2000, 28（3）: 385-391.

［71］ Quarrie K, Alsop J, Waller A, Bird Y, Marshall, S chalmers. The New Zealand rugby injury and performance project. VI. A prospective cohort study of risk factors for injury in rugby union football. Br J Sports Med. 2001, 35（3）: 157-166.

［72］ Quarrie KL, Alspo J, Waller AE. A prospective cohort study of risk factors for injury in rugby union. J Sports Sci 1999, 17: 83-89.

［73］ Ruwe PA, Gage JR, Ozonoff MB, et al. Clinical det ermination of femoral anteversion. A comparison with established techniques ［J］. J Bone Joint Surg Am, 1992, 74: 820.

［74］Schick D, Molloy M, Wiley JP. Injuries during the 2006 Women's Rugby World Cup Rugby. Br J Sports Med 2008, 42: 447-451.

［75］Schneiders AG, Davidsson A, HÖrman E, et al. Functional movement screen normative values in a young, active population. Int J Sports Phys Ther. 2011, 6（2）: 75-82.

［76］Shawdon A, Bruckner P. Injury Profile of amateur Australian Rules footballers. Aust J Sci Med Sports. 1994, 26: 59-61.

［77］Sherry MA, Best TM. A comparison of 2 rehabilitation programs in the treatment of acute hamstring strains. J Orthop Sports Phys Ther Mar. 2004, 34（3）: 116-125.

［78］Sheth P, Bing Y, Laskowski E, KAI—NAN A. Ankle Disk Training Influences Reaction Times of Selected Muscles in a Simulated Ankle Sprain. Scand J Med Sci Sports 2006, 16（1）: 7-13.

［79］Stasinopoulos D. Comparison of 3 preventative methods in order to reduce the incidence on ankle inversion sprains among females. Br J Sports Med. 2004, 38: 182-185.

［80］Turbeville S, Cowan LD, Owen WL, Asal NR, Anderson MA. Risk factors for injury in high school football players. Am J Sports Med. 2003, 31: 974-980.

［81］Upton P, Roux CE, Noakes TD. Inadequate pre-season preparation of schoolboy rugby players. A survey of players at 25 Cape province high schools. S Afr Med J. 1996, 86: 531-3.

［82］van Mechelen W, Twisk J, Molendijk A, Blom B, Snel J, Kemper HC. Subject-related risk factors for sports injuries: a one-year prospective study in young adults. Med Sci Sport Exerc Sci. 1996, 28: 1171-1179.

［83］Verhagen E, Van Der Beek, Twistk J. The effect of proprioceptive balance board training programme for prevention of ankle sprains. A prospective controlled trial. Am J Sports Med. 2004, 32: 1385-1393.

［84］Walker P S, et al. The role of the menisei in force transmission across the knee joint. Clin. orthoP. 1975, 109: 184.

［85］Wedderkopp N，Kaltolft M，Holm. Comparison of two intervention programmes in young female players in European handball：with and without ankle disc. Scand J Med Sci Sports. 2003，13：371-375.

［86］Wieczorkowski，Michael P. Functional Movement Screening as a Predictor of Injury in High School Basketball Athletes. Electronic Thesis or Dissertation. University of Toledo，2010. https：//etd.ohiolink.edu/.

［87］Wilkerson GB，Giles JL，Seibel DK. Prediction of core and lower extremity strains and sprains in college football players：a preliminary study. J Athl Train. 2012，47：273-281.

［88］陈世益，范振华，许胜文，等. 排球运动员髌骨软骨软化症与Q角关系的研究I［J］.临床流行病学研究.中国运动医学杂志，1991，10：93.

［89］陈世益，范振华，袁旬华，等.排球运动员髌骨软骨软化症与Q角关系的研究Ⅱ［J］.不同Q角对髌股关节生物力学的影响.中国运动医学杂志，1993，12（2）：80-84.

［90］陈世益，范振华，袁旬华，等．CYBEX等速测力对不同Q角髌股关节作用力的影响［J］.中国康复医学杂志，1991，6：258.

［91］陈卫中，倪宗瓒，潘晓平，等.用ROC曲线确定最佳临界点和可疑值范围.现代预防医学［J］.2005，32（7）：729-731.

［92］崔铁成，范清惠，鲁智勇.我国优秀男子英式橄榄球运动员运动损伤研究［J］.北京体育大学学报，2007，30（7）：933-935.

［93］杜晓宁，赵晓哲，张欣.正常足与扁平足的足底压力及步态特征.中国组织工程研究与临床康复［J］.2008，12（46）：9058-9061.

［94］房明亮，陶有略.骨性关节炎的治疗进展［J］.甘肃中医，2002，15（1）：8-11.

［95］冯传汉，张铁良.临床骨科学［M］.第2版.北京：人民卫生出版社，2004：1022.

［96］高晓嶙，徐辉，黄鹏，等.Y平衡测试评估我国橄榄球运动员下肢损伤风险标准的研究.第十届全国体育科学大会 专题报告：482.

［97］华宏，于亮，颜智.女子橄榄球运动员运动创伤调查分析［J］.中国

运动医学杂志，2007，26（3）：347-348.

［98］江百龙，郭建华.武术运动对青少年女子骨盆的影响［J］.武汉体育学院学报，1979，01：56-61.

［99］李国平.用等速测力法评定优秀运动员股四头肌和腘绳肌力量和耐力［J］.中国运动医学杂志，1988，7：143.

［100］刘云，董晓静，曾飚.中国实用妇科与产科杂志［J］.2003，19（6）：381-382.

［101］马利华，等.对膝关节损伤运动员屈/伸肌力矩比值的研究［J］.中国运动医学杂志，1992，11：205.

［102］缪萍，王楚怀，潘翠环，等.髌股疼痛综合征患者股四头肌失衡程度评估及其与Q角的相关分析［J］.实用医学杂志，2012，28（240）：4091-4093.

［103］潘宪民，李月玲，张华.跑跳运动员骨盆倾角和骶骨倾角的X线测量研究［J］.浙江体育科学，1992，5（14）：37-39.

［104］孙莉莉.美国功能动作测试（FMS）概述［J］.体育科研，2011，32（5）：29-32.

［105］王建华.流行病学［M］.第七版.北京：人民卫生出版社，2008：66-67.

［106］王以进，王介麟.骨科生物力学［M］.北京：人民军医出版社，1989：317.

［107］王亦璁.膝关节外科的基础与临床［M］.北京：人民卫生出版社，1999：454.

［108］魏孟田，赵建波，李立.石家庄市部分青年男性"外八字"步态足底压力特征分析.2011 Vol.15，No.4639-642.

［109］吴严冰.女运动员骨盆形态、分娩方式调查及影响因素研究［D］.北京：北京体育大学，2011.

［110］徐建武，刘道满，赵凡，等.功能动作测试（FMS）在优秀运动员损伤风险评估中的应用研究［J］.中国运动医学杂志，2014，33（9）：855-859.

［111］燕晓宇.正常足弓的维持及临床意义［J］.中国临床解剖学杂志，

2005，2（23）：219–221.

［112］杨述华，邱贵兴.关节置换外科学［M］.北京：清华大学出版社，
2005：140.

［113］俞光荣，杨云峰，张凯，等.距下关节、踝关节对后足运动影响的实
验研究［J］.中华骨科杂志，2005，4（25）：236–239.

［114］赵焕彬，李建设.运动生物力学［M］.北京：高等教育出版社，
2008：165–166.

图书在版编目（CIP）数据

橄榄球安全训练与风险监控 / 高晓嶙主编 . – 北京：人民体育出版社，2017.9
ISBN 978-7-5009-5201-5

Ⅰ . ①橄… Ⅱ . ①高… Ⅲ . ①橄榄球运动—运动训练—安全训练—风险管理 Ⅳ . ①G849.22

中国版本图书馆 CIP 数据核字（2017）第 168384 号

*

人民体育出版社出版发行
北京建宏印刷有限公司印刷
新 华 书 店 经 销

*

787×1092 16 开本 10.5 印张 157 千字
2017 年 9 月第 1 版 2017 年 9 月第 1 次印刷
印数：1—1,000 册

*

ISBN 978-7-5009-5201-5
定价：40.00 元

社址：北京市东城区体育馆路 8 号（天坛公园东门）
电话：67151482（发行部）　　　邮编：100061
传真：67151483　　　　　　　　邮购：67118491
网址：www.sportspublish.cn
（购买本社图书，如遇有缺损页可与邮购部联系）